アドラー・セレクション
Adler Selection

教育困難な子どもたち

Individualpsychologie in der Schule

アルフレッド・アドラー
Alfred Adler

岸見一郎[訳]
Ichiro Kishimi

アルテ

Alfred Adler
Individualpsychologie in der Schule
Vorlesungen für Lehrer und Erzieher

Fischer Taschenbuch Verlag, 1973 (Original: 1929)

序　言

この著作は、個人心理学を学校に適用し、学校を教育の場にすることに寄与する初めての試みであり、教師を対象に私が一九二八年にウィーン市の教育研究所で行った講義が本書に収められている。私のテーマは、「学校における教育困難な子どもたち」というものだった。

この本を読むとすぐに、私が精神科医、教師、そして家族が協力することを目指していることがわかるだろう。この著作は、私が友人とともに長年にわたって学校相談所（教育相談所）で達成しようと努力してきたこと、即ち、子どもたち、教師、家族の運命をよくすることがどのようなことであるか、そのイメージを少し見せることになる。これは多くの人にとって、ことに経験のない人にとっては、あまりにゆっくりとした道に見えるかもしれない。

しかし、私たち個人心理学者、私たちとともに働いてきた教師と親、全国の優秀な教育者は、そのようには考えなかった。私たちの仕事がこれまで通りさらに進んでいき、教師が私たちの方法を信じ、確信を持つようになれば、その時、教育は、よりよい基礎の上に築かれ、国民の福祉に従事している人の仕事とうまく適応するようになるだろう。

序文

以下の著作は、私がウィーン市の教育研究所の講師として教師の前で行った講義を集めたものである。この講義は、個人心理学の根本見解を学校生活に導入することを容易にすることを目的としたもので、個人心理学が、長年ウィーンや外国の他の諸都市において個人心理学者の支持者によって創設された学校相談所で行ってきた実践を補うものである。関心のある読者は、この活動について短くまとめたものが、個人心理学国際雑誌、第七巻所収の「教育相談所特集号」に掲載されているので参照してほしい。

この小さな本の説明が、今日多くの人に単純に見えるとすれば、個人心理学のサークルの外では、おそらく鍵盤の知識しか見出すことができないからである。もちろん私たちはこの知識を理論的な説明と芸術的な演奏を区別できない人にとっても理解しやすいものにしてきた。しかし、同時に、私たちよりも深い洞察をしたと信じ、個人心理学がうわべだけのものに見える人もこの鍵盤で弾くことができる、と主張するあらゆる理由をあげることができる。

それゆえ、私は長年の間に個人心理学をただ理論的に完璧な方法で発達させるだけではなく、精神医学の訓練を受けた医師、教師、親と個人的に共同作業をすることで、教育困難な子どもたち、神経症の子どもたちの教育に不可欠に見える実践的な能力を訓練し、発達させることを試みてきた。驚くべきことに、私たちを批判する多くの読者は、個々の概念をそれの有機的な連関から引き離し、全く違った概念世界から誤解することがあることを見てきた。このようにして劣等感についての私たちの観察の出発点は誤解されてきた。私たちにとって人生の要求に直面しての緊張から生じる苦しみは積極的な意味のあるものだが、批判的な読者はそれを他の苦しみと比べて相対的なものでしかない、と誤解したのである。当然、私たちが実践し訓練し、注意深く教えてきた推測の能力を「非科学的」とする悪意のある指摘も誤解でしかない。推測以外の方法でいつか新しい結果が成立するかのように信じられているようである。

しかし、遺憾に思うには及ばない。個人心理学の領域に目を向ければ向けるほど、私たちが魂の連関を解明するために使う大いなる内的な連関、鉄のネットワークがあるということ、そしてそれが教育困難、神経症の予防と治療のために大いに有用であることに気づくだろう。

私たちは絶え間なく進歩している。教師、教育家、医師、心理学者は、ますます個人心理学の研究に関心を向けるようになるだろう。私たちの学校相談所（教育相談所）においては、児童の誤った発達を改善できる部局を創ることができた。教師も医師も、そしておそらく子どもたちも、さらに熱心に愛をもってこの試みに参加し、それを受け入れ始めている。このような学校相談所の意義は、ますます認められるようになるだろう。

この小さな本は、学校のための理論的、実践的な助言に加えて、教育困難な子どもたちを理解し関わるための質問表と、協力できないことの原因と結果を明白にした個人心理学における規範と失敗の見取り図を収めている。

ウィーン　一九二九年八月三一日

アルフレッド・アドラー

目次

教育困難な子どもたち

第一章　最初の五年

この講義では、ただ理論を持ち出すだけではありません。というのは、皆さんは教育に関わっておられるからであり、理論と実践を結びつけることの方が、はるかに重要だからです。教育困難な子どもたちのケースについて話しましょう。あるいは、皆さんの方で、何らかのケースを提示し、どのようにすれば、このような子どもを援助できるか、一緒に話し合ってみましょう。また、子どもを学校に結びつけ、興味を持たせるという最も重要な点も見逃してはなりません。しかし、学校というものが、子どもの人生において、また、〔さらに〕国民の人生において、何を意味するかを知ることも重要なことです。私たちがここで関わらなければならないのは、家庭の延長〔としての学校〕であるということを見逃してはなりません。もしも家庭が子どもを正しく教育することができるならば、学校は必要ではなくなるでしょう。

学校の発達の歴史を見ると、学校というものがなく、家庭教育だけで十分であった時代がありました。それでも、この時代にも、上流階級の子どもたちが、例えば、宮廷学校に行き、統治や行政のための教えを受けるという制度がありました。後には教会が、自分たちの利益になるように教会と国家の必要を満たすに十分なまでに知識を伸ばす学校を作りました。学校は〔このように〕国民の必要に応じて〔国家という〕有機体の一部として発達しました。学校は、発達した商業と技術の時代に必要であったように、常に社会が必要とした制度でした。国民学校[1]が必要とされたのも、このような事情によります。国民学校は支配権力の要請に応じて、さまざまな形態をとってきたのです。

今日も、私たちは、学校をどのように整えるべきかという問いを前にしています。学校が国民のすべての教育の基礎と見なされなければならないということには、何ら疑う余地がありません。

学校の課題は、次のようなものです。「人生で、自立して働き続け、避けることができない課題を、自分には関係がなく他の人が解決することであると考えるのではなく、それを解決するために、自分の問題として見るような人間をどのようにして育てるか」ということです。〔このような〕国民の理想は、家庭の中までも及んでいます。〔それゆえ〕学校を終えた後、共同体に有用な人間となるように、家庭と学校で何らかの処置を取らなければならないということは明白です。

私たちは、いつも連関を考察します。そして、人間知ということで、ある人の他の人に対する個人的な態度と共同体感覚[2]の形成についての知識を、いつも理解しています。個性は学校で初めて発達するのではありません。その発達は家庭の中で始まるからです。この最初の印象が、既に形[3]を与えるものとなります。子どもがどんなふうに学校に入るか、その形は、家庭において与えられるのです。学校に入る時、子どもは新しい課題の前に立つことになります。教師も同様です。子どもが学校に準備されていればいるほど、困難は少なくてすみますが、準備がよくできていないと、子どもの困難は増すことになります。学校は、子どもが学校という社会的な課題にどれほど準備されているかを示す実験、試験です。よく準備されているということは、順応し、他の人の仲間に加わることができるというだけでなく、他の人のことを考え、他の人に関心を持つこと[4]、さらに、学校の楽しみを自分のもの、贈り物として感じるだけでなく、その困難さをも自分に属するものと見なし、この困難を克服するということです。

学校は子どもに生じる最初の対人関係の課題ではありません。最初の対人関係の課題は母親との関係です。私たちは、母親が子どもを正しい関係に対してどのように準備したかを観察することができます。母親に対する社会的な関係とは何でしょうか？　母親に関心を持ち、母親を本当の仲間[5]と認めるということです。しかし、子どもたちが仲間になれないほどに多くの誤りがいつのまにか犯されるのです。

母親は、子どもの関心のすべてを自分のものとして受け止め、子どもを安楽な状況へ置きます。子どもが自分では何もできず、あらゆることを母親から期待することになってしまうほどです。母親は、四六時中このような態度を示しているので、子どもたちの〔母親への〕従属的な態度は無意識的なものになってしまいます。初めから自分で困難を克服する訓練の機会が与えられないので、その後の人生に対する準備も、非常に不十分なものになってしまいます。

母親が仲間であるという印象を子どもに伝えないもう一つのタイプ[6]は、憎まれた子ども、例えば、孤児として育った子ども、庶子、望まれなかった子ども、醜い子ども、継子です。このような子どもたちには、多くの場合、仲間がいるとは感じられません。愛を知るに至らなかったということが、その態度に影響を及ぼします。敵国にいるかのように感じ、また、そのように実際、生きていくわけです。

最初のタイプの子どもは、いつも自分を支えてくれる人を求めます。自分の力では行動することができないからです。もう一つのタイプの子どもは、いつも迫害されている、冷遇されていると考えて生きています。大抵は非常に疑い深く、失敗することをいつも恐れています。いずれの場合も、全人生を方向づける問題が前面に押し出されています。私は甘やかされなければならない。困難を避け、逃げなければならない。誰も私を害することができないよう見張っていなければならない、という問題です。

最初の四、五年もあれば[7]、子どもの態度は無意識的なものになります。もはや自分の印象の本質的なものが何か考えてみようとはしません。[8] 甘やかされた子どもは学校に入って、学校では誰も甘やかされてないのを見たり、あるいは、知らない状況に入ると、気分が悪くなります。しかし、それでも、甘やかされようと思い、注目の中心でいようと努力することをやめようとはしません。誰かが自分の〔援助の〕ためにいないかといつも注意して、注目の中心にいようとするでしょう。これは次の二重の仕方で行われます。即ち、努力して、ことのほか行儀よくふるまおうとし、そうすることで注意を自分へと向けて、以前の好ましい状況をほとんど回復するというのが一つです。このような子どもたちは困難というものをそもそも望みません。しかし、他方、これとは違って、非常に怠け者になったり、いじわるになったりすることもあります。人目を引くふるまいをし、反抗的[9]になります。これは、せめて、先生や同級生の注目を自分に向け、他の人を自分に多く関わるようにしむけるためなのです。

今や、子どもの人生において、一つの過程が始まることになります。内面生活においてひとたび方向が定められると、すべては〔そこへ向かうための〕手段となりうることを見て取ることができます。このような子どもたちは、大抵の場合、正しく〔人生に〕準備ができていません。集中力、注意深さを欠いており、友人を見つけることができません。いつも自分のことにしか関心がないからです。そのため、このことを特に困難なことと見なし、自分の能力を全く信じないで、ますます学校から疎外されてしまうことになります。このような子どもたちは、いつも自分のしていることは正しい、と感じています。気持ちの上で、学校よりも父母の〔いる〕家の方を好むようになります。学校の課題に、反感を持ち、抵抗しながら直面するでしょう。叱ったり罰したりすることでは簡単には変えることのできない誤った構造がここにあるのは、明らかです。

　同じことは、憎まれていると感じている子どもたちにも見ることができます。冷遇されていると感じ、ますます困難な目に遭うことになるのです。子どもの中に何が起こるのかをまず探求し、理解しなければなりません。教師が心理学のあらゆる観点を吟味することは、重要なことです。もしも〔子どものうちに〕誤りを認めれば、この子どもの母親が、おそらく四、五歳の頃に甘やかしたのではないか、と考えてみなければなりません。子どもは考えます。お母さんと一緒に家にいる方がずっとよかった、と。〔しかし〕失われた楽園の代わりとなるものを持ってないので、あらゆるものを排除しよう、と努力します。この子どもは、共同作業、共同体感覚、協力に対して、まだ、全く準備できていません。貢献しなければならない時に、自分がそうすることができるかどうか、まだ試したことがないのです。

　教師の仕事は、次のようにすれば、非常に楽しみが多く、興味深いものであり、同時に、困難を回避することになることを喜ばなければなりません。即ち、生徒が〔クラスに〕三十人から四十人もいることで過重な負担を負わされている時、この仕事を軽減する方法は一つしかありません。個々の子どものタイプを把握することに熟練、精通するという方法です。教師が子どものタイプを把握すれば、誤りを犯すということは、ほとんど不可能なのです[10]。残念ながら規則としてまとめることはできません。もしもそのようなことができれば、教師の仕事は、芸術家の仕事になります。〔しかし〕個人心理学を用いれば、大きな誤りをすることは、ほとんど不可能です。人間知を活用するのです。そのためには子どもに正しい道を開くだけではなく、子どもがこの正しい道を歩むことを両親が妨げないよう説得しなければなりません。

非常に重要な問題を提起したいと思います。家庭教育は不完全なものであって、子どもたちの行いや生活は、子どもたちにとって、大抵、あまりに楽なものになっているという点で、私たちは意見が一致しています。両親にとって最大の財産は子どもであり、両親は子どものために前々からいつも特別な地位を望んでいます。子どもはそのことに気づいており、この特別な地位の利点を活用するために、それを自分のものにしておきたい、と願っています。このことから多くの甘やかされた子どもたちができるのです。

この〔甘やかされた〕子どもたちも、二番目の〔憎まれた〕タイプである子どもたちも、皆、共同体感覚を持っていません。他の人に関心を持っていないのです。甘やかされると、自分の幸福のことにしか関心を持たなくなります。憎まれた子どもは、仲間がいるということを知りません。仲間〔の存在〕を体験したことがなかったからです。自己中心的な関心だけが育ち、増していきます。〔しかし〕このようなことは決して生まれつきのものではなく、最初の数年の体験にもとづいているのです。

根底にある障害のすべては、子どもが〔共同体に〕所属しておらず、受け入れられていないと感じることから起こります。全体の部分であるという感情もこのような子どものうちには育ちません。勇気を持つことなく、積極性を発達させることもありません。どんな課題を前にしても緊張してしまいます。このことは、いろいろな形で現れます。どんな新しい仕事も試験や実験と見なされるのです。子どもが何か課題に立ち向かい、課題を前にする時、どのようにふるまうかを理解し、この過程が行われる際の微妙なニュアンスに注意を向けなければなりません。

一度きりの出来事というものはそもそも存在しないのであって、生涯を通じて人は同じライフスタイルを示します。誤りは課題の解決に取りかかる時にだけ現れます。子どもから何かを要求したり、子どもを困難に立ち向かわせない限り、何も観察することはできません。子どもがどんな状態であるかは、子どもが新しい状況に入った時に観察することができ、子どもがどれほど準備できているか見ることができます。しかし、あらゆる親に正しい準備が何かを教えるまで待つことはできませんし、子どもが大きな、あるいは、小さな誤りを犯すまで待つこともできません。学問はある程度まで発達すると、個々の誤りを事後的に追求するだけでは十分ではありません。むしろ、予防のことを考えなければなりません。〔この意味では〕教師が真実で有益な心理学的理解を持っているということは、大いに役に立つことです。〔しかし〕準備において起こった誤りを教師が見て、このような誤りが、どのようにして甘やかしや愛の欠如によって生じたのかを述べることができるだけでは十分ではありません。絵をどんなふうに描くかを述べることはできるでしょう。しかしだからといって、それだけではまだ絵を描くことができるということにはなりません。〔このように〕技術に習熟しようとするならば、自分でも行うことができなければならないのです。教育の技術は、誰でも学び、実行することができます。〔そのためには〕〔技術の〕理解と人生の事実を共同体の生活の理想と調和させ、子どもにそれに対する心構えをさせるための絶え間のない努力が必要なのです。

　共同体で生きるための最初の準備を誰から期待することができるでしょうか？　共同体ということで私が理解しているのは、到達されることのない理想のことです。それは予感することしかできないものです。すべての人間の力はそれに対して、まだ力が及ばないからです。〔教育において〕重要なことは、子どももこの共同体の理想に到達しようと努める気にさせるように〔教育の〕技術を実行するということです。そのようにすることによってのみ、子どもが教育困難、神経症、自殺、アルコール依存症、性的倒錯、犯罪などへと進む誤りを回避することができるのです。この仕事を最初に果たさなければならないのは誰でしょうか？　母親です。母親が何をすべきであったかを思い出さなければなりません。母親の誤った〔教育の〕経過がたどった運命を私たちは見ることになります。皆さんは、母親の代わりとなって、母親の誤りを矯正しなければなりません。母親には二つの役割があります。①子どもの心を自分に引きつけること、子どもの関心を自分に向けること、仲間として子どもの前に立つこと。②この子どもの関心を他の人に向けること、父親も仲間として見出させることです。父親も、子どもが、きょうだいと第三者に対して関心を持つよう貢献しなければなりません。学校の課題は、しばしば多かれ少なかれ誤ったものとなる母親のこの二つの機能にもとづいています。どの課題も対人関係的な課題です。子どもに弟か妹ができる時、どのようにしてきょうだいと関係するかも対人関係的な課題です。その課題に対して子どもは正しく準備されなければなりません。

　言葉もまた対人関係的な課題です。子どもは言葉によってどのように結びつくでしょうか？　共同体感覚が十分発達していない子どもは、大抵言葉の困難を持っています。どうすれば、自分を共同体にとって有用なものにすることができるでしょうか？　他の人のことを考えること、他の人に関心を持つことです。共同体感覚、友情、人間への関心、宗教的あるいは政治的な視点、結婚、愛は対人関係的な課題であり、他の人の幸福に関心があるかどうかに対する答です。私たちが教育困難であると見なす子どもたちは、他の人の幸福に関心がありません。このような子どもたちは、共同体感覚、楽観主義、勇気を欠いています。正しくはめられたモザイク画のように、私たちのやり方が正しいものであるかは、別の視点から検証することができます。子どもが対人関係的な課題に対して、どのようにふるまうかあらかじめいうことができるということです。

次の報告では、五歳の就学前の子どもが問題になっています。この子どもの様子から学校でどのようにふるまうか推測することができるでしょう。推測が確実になっているところをお見せしましょう[11]。

「この子どもは扱いにくい」

この子どもが闘っているのは明らかです。闘いの状況の中に生きており、おそらく、この子どもが生きているまわりの世界はかなり柔弱で、この中で甘やかされて育ちました。しかし、疑問が起こります。なぜ今この子どもは闘っているのでしょうか？　なぜ今はあまり甘やかされていない、と感じているのでしょうか？　この子どもが今は前のように幸福ではないことは、明らかです。これだけのことをあらかじめいうことができます。

「過度に活動的です」

これは私たちにとって目新しいことでしょうか？　闘わない、過度に活動的な人を想像することはできるでしょうか？　活動的でなければ、知能が劣っていると考えます。

「ものをこわすことが好きです……」

これは闘う人のやり方です。

「時々この子どもは怒りを爆発させます」

この子どもが賢いということは自明です。またこの子どもが、全く違った仕方で教育されなければならない精神発達遅滞の子どもたちに属しているかどうかを確かめることも大切なことです。精神発達遅滞の子どもは、ライフスタイルを持っていません[12]。ところが、今問題になっている子どもは、闘い、勝利をおさめるという目的を持っています。勝利の喜び、楽しみ、満足を持っているのです。

「母親は、子どもは健康であり、生気にあふれている、と語っています……」

「いつもとにかく誰かに関わらせようとします」

これは、何かをすることで他の人をいらだたせる子どものいいなりになる家庭で起こる闘いです。

「汚れた重い靴のまま、きれいなテーブルの上によじ登ります。母親が手が離せない時に、電球で遊ぶのが、一番の喜びです……」

どうすれば闘えるのか、よく心得ています。

「母親がピアノを弾いたり、本を読み始めたりすると、この時とばかり電気で遊びます……」

「テーブルに向かっている時、落ちつきがなく、ずっと注目するよう要求します……」

常に注目の的になるために勝利を得ようとするでしょう。子どもは次のようなことを思いつきます。注目の的になることを強く願ったから、以前に一度注目の的になったのだ、このなじみの状況にもう一度戻りたい、と。では、何がこの状況をこれほどまでに困難にしたのでしょう？　弟でしょうか、あるいは、妹でしょうか？

「いつも父親を叩きます。いつも父親に自分と遊んでほしい、と思います」

この子どもはいつも闘い、邪魔をする手段を見出しているということがわかります。

「ケーキに手をのばし、口をケーキでいっぱいにするという習慣があります」

食べないことでも闘いの意志を表明することができるでしょう。

「母親に客があると、客を椅子から追い出し、自分がそれにすわってしまいます……」

子どものこのような行動から、他の人が好きでないということ、共同体感覚がないということを見ることができます。共同体感覚がないので、弟にも乱暴するのです。

「父親と母親がピアノに合わせて歌い始めると、その歌は好きではない、と絶え間なく叫びます……」

この子どもと〔いつも〕関わらなければならないということは、好ましいことではありません。誤りを見ても、罰してはいけません。罰しても何の役にも立たないからです。〔しかし〕どこで介入するかは知っておかなければなりません。この子どもは傷つけられ、辱めを受け、軽んじられた、と感じています。

「父親は歌手で、コンサートで歌います。母親はそのコンサートでピアノの伴奏をします。子どもは大きな声をあげます。『お父さん、僕のところにきて』……」

子どもが得ようとしているのは、父親と母親が絶え間なく自分に関わるということです。

「子どもは何かを欲してそれが得られないと、怒りを爆発させます……」

これが彼の攻撃の態度です。

「何でも壊します。ベッドからあらゆるネジをネジ回しを使って取り外します」

ここでもこの子どもの対人関係における態度が示されています。両親を傷つけ、憤りを示すためには何でもします。

「時折人に対してひねくれた発言をします。特に何かをしでかした時にそうします。しかもそうすることでうまくいくことを知っています。批判的な発言をするので賢いと見られています。〔しかし〕何をしても長続きしません。母親は子どもの気をそらせようとしますが……」

（そのことは当然うまくいかない）

「母親がピシャリと叩くと、笑って、おそらく二分間は静かにしています……」

「母親は自分と祖母と父親が、子どもをあまりに甘やかせたのだ、と思っています。これからはもう甘やかしてはいけない……」

今のようになったのは、母親と父親にだけ結びついていたので、共同体感覚が発達しなかったからです。

「父親と母親はいつも疲れ果てています。しかし子どもは全然……」

子どもが疲れていないのは当然です。なぜならそれが気に入っているからです。父親と母親は、子どものことで苦労することは好きではありません。だから、疲れ果ててしまいます。強制することは役にたちません。強制しても、そのことに対して仕返しするだけのことです。

「物覚えが悪く、集中することができません」

記憶するということは、この子どものライフプラン[13]には必要ではないのです。準備するということもしません。今や自立して行動できて当然なのですが、そうすることができません。

「保育園に行ったことがありません……」

母親の課題は子どもにとって自分だけを仲間であると思わせることであったように思われます。これらの連関をどう理解するかは、非常に重要です。理解するといえるのは、ここでは全体の部分が問題になっていることを知る時です。それは生理的な事象ではありません。理解するとは、事物の連関を認めるということなのです。

第二章　問題行動の前史

前回、私は五歳の男の子について話しました。この子どもは、後から生まれてきた弟に快適で中心的な居場所を追い出され、今はこの居場所を取り戻そう、と努力しています。ここで、教育困難な子どもと関わっていかなければならない時に、何度も出される様々な問いを出してみましょう。

人間がまだ野生状態で、あちらこちらを走りまわっていた頃からの、生まれついて遺伝された本能というものがあるのでしょうか？　現代の心理学派は、このような見解が今もあることを示しています。今の〔この少年の〕場合、このような仮説を立てることはできません。このような理論を採ることは、満足のいくものでないとしても、心をそそるものがあります。しかし、私たちは、このような問いに関わってはいけません。私たちがしたいのは、〔そのような問いを立てることではなくて〕子どもを落ちつかせることなのです。次の観点は非常に重要です。子どもが、家庭での試験を十分受けず、学校に入るとすぐに新しい試験を受けなければならないとすると、何が起こるでしょうか？　この子どもは、〔家庭で〕完成した人として、学校に入ります。〔学校に〕適応できるかどうかについては、子どもは気にかけないでしょう。彼は自分自身の課題を定めてしまっているからです。注目の中心に立とうと努力し、再び以前の好ましい状況を得たい、と思っているのです。このことを、さまざまな点で示すことができます。〔しかし、やがて〕そのことを意識していないかのようにふるまうようになるでしょう。

ここで学校が教育を始めることに頼らなければならないことがわかります。教師が受け入れる子どもは完成しているので、前々から誤っていたことを矯正しなければなりません。〔その際〕正しい仕方で取りかからなければなりません。教師は親がそれ以前にしたことよりも正しいことをする、と社会から期待されているからなのです。

このような子どもたちが家で身につけ、その後もそのようにふるまおうという衝動に駆られて学校でどんなことをするかをここで列挙する必要はないでしょう。子どもが最初の四、五年の後、一定の態度、関係、態度決定に慣れると、変えることができず、あらゆる状況において同じに見える一つのタイプを早くも表す、と大胆に仮定することができます。どの生徒にも一定のタイプが見られ、生徒があれやこれやの状況ではどんな態度を取り、対人関係の態度に関連してどのようにいつも同じ役割を演じるか、いい当てることができるでしょう。この子どもの場合も、彼が初めて自分の役割に属していない課題を前にした時、何ができるかが明らかになるでしょう。ちょうど劇場で誰かがいつもは喜劇を演じてきたのに、突然悲劇に登場しなければならないことになった時に、皆が笑うようなものです。どの子どもも新しい人生に自分の役割を意識して登場し、いつもそれに応じて行為します。子どもが自分の課題に対してどんな態度決定をするかを理解し、しかもその上それを予測することを目指すことは、最も重要なことです。教師の課題は、このライフプランにおける誤った適応の仕方を発見し、矯正することです。

母親が罰したことは、全く役に立ちませんでした。なぜなら、その結果は、彼の行ったことは彼を大いに満足させるものであり、最も正しい場所にいました。例えば、電気を消した時、母親は、子どもに関わらざるをえませんでした。子どもはこんなふうに感じています。「僕は正しい。ここは、僕にふさわしい場所だ」。学校でも注目の的になるでしょう。中心的な役割を演じることをやめさせることはできません。子どもの時にひどく甘やかされた子どもは、大体そうなのです。どこからが甘やかしで、どこからが甘やかしではないのでしょうか？　子どもの人生は、次のように進行します。即ち、子どもは最初は弱いので、〔母親という〕第二の人の助力を必要とします。人間は社会的な存在です。なぜなら、弱くて力がなく、安全ではないので、自分と結びついて世話をしなければならない他の人を必要とするからです。

　私たちは、次のような確信に到達します。あらゆる精神の発達についての問いにおいて、〔行為の〕原因と動機は、他の人とのつながりのうちに与えられているということです。これは子どもだけではなく、全人類についていえることです。子どもの発達のすべては、どんな欲求や本能があるとしても、この〔他の人とのつながりという〕枠組みのうちにはめ込まれています。社会的なつながりは、それとは知らずに、前提とされているのです。人間は、方向を定められた欲求を持って生まれてくるのではありません。〔しかし〕欲求を社会的なつながりから切り離してしまうことに成功した人もいます。それゆえ、大部分の心理学者は、人間は本性的に悪であり、必要に迫られてやむなく欲求を、共同体の福祉に反しない方向に向けられたものになるよう、しつけて矯正することができる、と仮定してきました。全く逆なのです。何を持って生まれてこようと、子どもは、〔初めから〕あらゆる生得的な可能性を持っており、そのようなものとして社会的な枠組みの中へと置かれているのです。子どもはこの社会的な枠組みを最も重要なものとして把握しなければなりません。子どもの弱さ、劣等性がそのことを求めるからです。動物界においても、自然に対して不利な状況に置かれているあらゆる生物は、結びつこうとする傾向が強いのが見られます。弱いものたちは、結びつきます。そして、そのことによって新しい力が生じます。この力によって、弱いものたちは生きていくことができるのです。人間が共同体と分かちがたく結びついているということが、このように弱いということの本質です。人は何を持って生まれてくるかが重要なのではなく、それをどうするか、が重要なのです。

私たちが見たところ、この男の子は裕福な両親から生まれ健康です。突然の悪化を見つけることはできません。この子どもは、社会的な役割を果たすべきであったのに、それに対して準備がされていなかったのですが、生まれた後になぜそのようなことになったかという背景を私たちは知っています。彼はどんなことでも思い通りにすることができ、弟が生まれる前は、彼の活動領域はずっと広いもので、それを完全に自分のものにしていたのです。〔それで弟が生まれたからといって〕自分の欲求の満足を減らすことをよしとはせず、そのことに対して抵抗したのです。そして力という意味での新しい欲求の満足を求めることになります。私たちは、生まれた後適応されるべきであったように、適応させることができるのかという方策を探します。〔そのためには〕彼の活動領域を広くしなければなりません。私たちが、彼に開くことができるのは、自分を有用なものにすることができ、〔かつ〕他の人の利益にもなるような道だけです。〔しかし〕彼は甘やかされた子どもなので、そのようなことを学んでこなかったのであり、いつも自分のことしか目に入っておらず、他の人の利益には注意を払ってきませんでした。そのようなことは必要ではなかったのです。

感覚器官の全体の活動、働きは、結びつきということを考えて初めて理解できます。私が誰かを見つめる時、私は自分を〔その人に〕結びつけます。話す時、私を誰かと結びつけるものは絆です。これらの個々の活動は、それが何をなしとげるかを正しく理解する場合に、非常に重要なものとなります。子どもを一瞥すれば、子どもの共同体感覚の大きさがわかります。人を見る時にその人の顔を見ることができない子どもは、このような結びつきを回避するという動機を持っているということは明らかです。子どもの言葉の能力は、〔人と〕関係を結ぶ能力を明らかにしています。自分を〔人と〕結びつけることは、そのことを望み、〔結びつく〕準備ができており、かつ、自分のライフプランにこの結びつきの傾向がなければできないことなのです。これらの事実のすべては、人間の理解に達するためのすばらしい道標となります。個々の現象、個々の表現形式を、証拠を示すものとして選び出すだけではいけません。いつも私たちの理解に対する新しい確証をあげなければなりません。個々の精神の動きだけを観察するのであれば、複雑なこと〔の本質〕を見逃す可能性があります。

　個々の現象は、共同体感覚がどれくらい欠けているかを示しているか、証明しなければなりません。欲求について話すだけでは、それをどうすればいいのかわかりません。しかし、すべての欲求が、私たちを取り巻く社会的な網の中に捕えられているということを知っていれば、私は欲求が何を意味しているかを知っているといえます。人が結びついているという感覚[1]は、共同体の理想として見なされるべきであり、人類を統一体と理解し感じさせる共同体感覚の個別の表現です。このような共同体は、今日まだ発展していません。人類は、そのような共同体への持続した発展を考えれば絶え間なく発達している、と理解することができます。人類が自然のことを継母のように考えているという事実[2]から、共同体へと至る道とは別の道は考えられないということがわかります。各人は全体の部分として、共同体に対して応分の責任を果たさなければなりません。私たちの課題は、子どもを社会的な進歩の道具に作り上げるということです。これが世界観としての個人心理学の核です。個々の部分だけを探求することは価値がありません。むしろ、どのような判断においても共同体の理念が誰をも導くのであり、私たちは、それを越えていくことはできません。なぜなら、この前提においては、部分の現象という混沌の中で一つの道を見るために、既に一つの目標が含まれているからです。

私たちは目標を置かずには、考えることも、感じることも、行為することもできません。この目標設定は、どんな運動においても避けることができないものです。一本の線を引く時、目標を目にしていなければ、最後まで線を引くことはできません。欲求があるだけでは、どんな線も引くことができません。即ち、目標を設定する前は何をすることもできないのであり、先をあらかじめ見通して初めて、道を進んで行くことができるのです。このような目標設定は、人間が自ら動く生物であることと関連があります。もしも私たちが花や植物であれば、このような目標設定は何の意味もないでしょう。魂は運動であり、運動に関係し、自ら動く生物だけにあるものです。植物が魂を持っており、何かを考え、感じ、理解することができたとしても、その能力を利用することはできないでしょう。なぜなら、植物はしっかりと根づいており、自分で動くことができないからです。自ら動く生物の場合は、これとは全く違います。運動の能力によって、何をしなければならないかを準備しなければなりません。即ち、危険から逃れ、欲求を満たす準備をしなければならないのです。〔さらに〕予測できなければなりません。私たちが魂ということで理解しているのは、何か先のことをあらかじめ知るもののことです。人間の精神生活、発達の全体は統一されたものです。思考能力として私たちが考えるものは、どのように何かが展開し、どのように私たちが自分の運動で反応するかについて、予測し、結論を引き出すことです。私たちは、欲求と共に共同体の枠組みの中に組み込まれているので、私たちの運動は、共同体も適切な仕方で私たちの目標設定の中に加えられているかを示すでしょう。

教育の困難について私たちが話す時、そのことで私たちがいつも理解しているのは、誰かが社会の適法性に一致しない目標を追求しているということです。しかし、その目標は、共同体の要求には矛盾した形で、今よりも優れた人になって、自分自身のためにだけ居場所を見出すという個人的な〔優越性の〕追求に一致することはありえます。そのような人は、優越性の目標を人生の有用でない面に求めているのです。私たちは以上で既に個人心理学のネットワーク[3]について、その基礎を知りました。

私たちの最初の課題は、私たちが聞く問題が、この子どもが共同体の枠組みではなく、それの外側、つまり、有用でないこと全般の面で行動しているということから起こっているということを確かめることです。私たちの念頭にあるのは、理想的な仲間を教育するという特別な目標です。私たちはこのような共同体感覚が自然に発達するということを信じようというのではありません。むしろ、この〔理想の仲間を教育するという〕努力を続け、子どもをこの目標へと発達させるために私たち自身の創造力を投入しようとしなければなりません。友情、愛、結婚、学校、政治の理解などは、どれも子どもが人生の有用な面において準備されていることを要求する状況です。これらの課題に対する子どもの態度のうちに、子どもがどの程度準備されているかを認めることができます。

私たちの課題は探求することです。子どもが、弟か妹が生まれるまでは有用な面で行動しているように見えたが、弟や妹が生まれると有用でない面で注目され、認められようと努力しているように見えれば、これは教育を通じて成就される有用な優越性を目標にしたものではありません。なぜ多くの子どもたちが多くの問題に対して不完全にしか準備されていないかが、私たちの関心を引きます。また、子どもたちの準備がどのように不十分であるかにも関心があります。いったい何が起こって、子どもたちが人生のこれらの課題に対して準備されていないことを示すようになったのでしょうか？子どもが何も学ばなかった学校から、どの生徒も既に先に進んでいる学校へとやってきたとすれば、その子どものそれまでの準備が不十分なものであったかどうか、どのようにしてそのようなことになったかを知ることが、たしかに私たちの興味を引くことになります。これは、何年かの間、母親、父親、おじ、姉に教育を受け、それから、公立の学校へと進んだ子どもにも当てはまります。この場合、準備がいかに重要であるかということがわかります。このような〔準備が十分ではない〕子どもはどう扱えばいいでしょうか？　子どもが要求されたようにはできないということを確かめるだけでは、十分ではありません。教師には、この欠点を発見するだけではなく、さらにそれを矯正し、子どもを他の子どもたちと同じところまで持っていく方法を発見するという課題が生じます。どの教師も直感的にはそのようにしているのですが、私たちは科学的に探求し確かめたいと思います。心理療法士の経験が役に立ちます。私たちはこの欠点が教育が困難であるという形だけではなくて、神経症、精神病、さらに、犯罪傾向、自殺傾向、アルコール依存症や性倒錯の傾向、売春の傾向などの形においても現れる場合にも関わらなければなりません。私たちはこれらのケースを顕微鏡で見るように、しばしば、この子どもやあの子どもが困難な状況に入ると、自分の課題を解決できず、それに耐えることができないだろうという印象をあらかじめ持つのです。私たちがいつも教育困難な子どものうちに見るのは、課題を前にして勇気をくじかれているということです。教育困難な子どもは、人生の有用な面で努力することによっては、以前の優遇された立場を再び獲得する勇気を持っていないということができます。子どもは安易な道を歩もうとします。この道の上では、自分には力があると感じることができますが、そのために何らかの勇気を必要としないのです。

この男の子の来歴をさらに追っていくと、「夜を恐れ、夜中に飛び起き、彼を守ってくれるように、と母親のところへと走って行った」と書いてあります。さらに、知らない人には、打ちひしがれた目でおどおどして対する、とあります。有用な面で行動しているのでなければ、勇気がくじかれているのです。彼は自分の課題を成し遂げるだけの十分な力を持っていない、と思い、人生において負担が軽くなることを求めています。人が失敗する時には、勇気があるかないか、問題にすることはできません。犯罪者は勇気を持っていません。犯罪者は、策略を用いて、他の人よりも力を持ち、他の人に勝ちたい、と思います。泥棒や犯罪者を観察すると、犯罪者は、誰も人がいない時や、初めから自分の方が強いことがわかっている時にだけ押し入ることがわかります。殺人者が人を殺すのは、その人が自分よりも弱い、と信じている時なのです。私は、犯罪者の問題に対してはいささか楽観的です。犯罪は人が勇気を失った時だけ発生するということが人々に理解されるようになれば、多くのことが変わるでしょう。私たちの国法よりも強いということは、決して勝利を意味してはいないのです。犯罪は臆病さを表現したものであることを理解できるようにならなければなりません。

私は、ある犯罪者について聞いたことがあります。彼は部屋の中に入っていったのですが、その部屋には二人の女性教師が寝ていました。一人がなぜそんなことをするのか、なぜ堅気の仕事をして暮らしていこうとしないのか、と叱りつけました。犯罪者はピストルを手に持っていいました。「では我々の労働生活の困難な状況をあなたは知っているのか？」。この答えの中に彼が勇気をくじかれていることが表現されています。共同体感覚に違反することは、決して勇気ではないのです。

このように準備が十分されていないことが、どこから由来するかについて、詳細な説明が与えられるところまできました。それは、最も早い子ども時代に始まったのであり、子どもが人生の最初の時にあまりに重い負担をかけられたように見えるという状況がここでは関わっているということによって特徴づけられます。あまり重い負担をかけられた子どもは、普通に育った子どものように発達することはできません。子どもがあまりに負担がかけられる状況とはどのようなものでしょうか？　劣等器官を持ってこの世に生まれてきたり、まだ幼い時に病気のために生きる喜びの点で不利な立場にあって、他の子どもたちよりも弱い子どもたちがいます。また、次のような子どもたちがいます。栄養状態がよくなくて、母乳が飲めずに嘔吐し痙攣を起こし、昼も夜も不安に駆られて生きている子どもたち、このような子どもたちは栄養を害とならないよう注意して満たさなければならない……。

　このような状況は、しばしば長い間続くので、このような子どもたちが、この世での生活が楽園であると受け入れることができないのは、理解できます。人生を苦悩と困難とともに始めるので、大抵、他の人への関心が損なわれることになります。苦労をし、抑圧され、重い負担をかけられるので、他の人に関心を持つ可能性を持っていません。このような子どもたちが、人生において関心を持つことは、大抵、常に食べることをめぐることでしょう。主要な関心が、食事の欲求をどのように満たすべきかということであるような多くの子どもたちが育ちます。絶え間なくそのことに関心を持ちます。後には、夢の中でも、食べものと関係を持つようになります。あらゆる状況で、何が食べられるか、食べるに値するものは何かということに注目を向けるのです。しかし、関心を有用な面に向けることもできます。例えば、繊細な味覚を発達させるというようなことです。〔そうすれば〕すぐれた料理人になったり、食べ物に習熟することができます。なぜなら、このような強い関心は人生の最後まで見出すことができ、あらゆる状況において、食べることに関係するものを見つけ出すからです。

　身体の弱さは、精神生活の構造と密接な連関があります。器官の弱さ自体が問題なのではなく、器官劣等性のゆえに子どもが陥る緊張関係が問題なのです。健康な子どもでも劣等な状況に置かれれば、弱い器官を持っている子どもの場合と同じ困難や緊張が生じることになります。このような子どもたちの場合、感覚器官がとりわけ大きな意味を持つことがあるのを認めることができます。〔例えば〕眼が悪い子どもたちは、見えるものを前にしてこのような状態に耐えることができず、その上、このような困難に文句をつけることさえするのが観察されるでしょう。〔他方〕彼らのうちに、〔困難を〕超えていき、より多くのことを達成し、弱さに勝利をおさめる状況に入ろうとする関心が生じます。これらの器官に向けられる関心が広がるのが見られるでしょう。（全く見えないという場合は別ですが）見えるものに対する関心が、私たちが平均的に期待できるよりも、ずっと強いことが見られるでしょう。より多くの注意を払って色、影、ニュアンス、遠近法に目を向けます。このような子どもたちが画家になるということもしばしば起こります。私は、正常な目を持った子どもたちがいつか優れた画家になることができるとは思いません。むしろ、画家はほとんどいつも、視力が十分ではありません。遠視か、あるいは、色盲や弱色盲であったり、ほとんど目が見えないのと同然だったりします。このような短所を画家にしばしば見つけることができます。このようなことは、創造力が、子どもに困難を超えていくように強いるからである、と理解することができます。

　また、しばしば、これとは反対の欠点を見ることがあります。この欠点は、子どものこの方向での関心を生まれてすぐに強めますが、もちろん多くの人は勇気をくじかれ、それ以上努力することなしに、自分は劣っている、と感じています。このことは、左利きの子どもたちに見られます。[4] 個人心理学の所見を伝えなければなりません。私たちの人間社会のおよそ三五~五〇%の人は左利きですが、そのことを知っている人は一〇%もありません。しかし、皆それを体験しています。私たちの文化活動はほとんどいつも右手を要求しているので、左利きの子どもが学校に正しく準備ができておらず、無器用であることが明らかになり、そのために責められたり、罰せられたりします。このような子どもたちは〔学校での〕最初の仕事を、他の子どもたちほど上手にはできません。しかし、他の子どもたちと同じようにはできない、と感じることがないように、この弱い右手を訓練しなければなりません。これには長い時間と正しい方法が必要です。

　過去百年の間、読み書きの訓練が非常に不十分なものであったということが知られています。アインハルト[5]が、カール大帝[6]について、このように書いています。「王は書くことと読むことの技術を習得するのに非常に苦労した。しかし、偉大な支配者は、その技術を習得することができなかった。なぜなら彼はそのことに才能がなかったからである」と。当時、書くことと読むやり方が非常にまずいものであったことは、確かなことです。ペスタロッチ[7]は、鞭と罰以外の教育の方法を見出した最初の教師であったといわれています。それ以降は〔教育の〕方法はよくなっています。精神発達遅滞の子どもも学ぶことができるようになっています。方法は常に非常に重要な意味があります。そもそもどのように訓練したのかわからず、人が私たちに注意を喚起するのでなければ、連関すらわからない事柄〔例えば、ボクサーの訓練〕があります。この〔左利きの問題の〕場合、右手を訓練することが、特別の課題です。多くの子どもたちは、直感的に、あるいは、勇気づければ、よりよい方法を見つけ、困難を克服します。〔そのことで〕克服したという幸福感を持つでしょう。右手で美しく書く、右手でデッサンをするなどのことを好むようになります。左利きの人の間で、筆跡が美しい人の割合は、かなり高いことがわかるでしょう。

　器官劣等性〔の発見〕を目指す検査で、隠れた左利きを発見することは、困難なことではありません。指を組んでもらいさえすればいいのです。[8] そうすれば、左利きの子どもであれば、左手の親指が右手の親指よりも上に置かれていることがわかるでしょう。また非常に多くの左利きの人が器用であることがわかるでしょう。〔右手を〕訓練して〔無器用さを〕克服したからです。克服する人が勝利を得られます。しかし、左利きの人の大部分は、困難を克服していません。依然として無器用なままであり、一般に手先を使う仕事には向いていません。大いに勇気をくじかれ、しばしばあらゆることにおいて力を発揮できないでしょう。人生の課題、困難に取り組むことはできません。そこで、教育困難な子どもたち、犯罪者、自殺する人の多くが左利きであることを見出すことになります。〔他方〕高い水準に達した人にも左利きの人がたくさんいることがわかります。二通りのことが起こりえます。勇気を失うか、あるいは、非常に努力して自分の成長のための優れた方法を見出し、困難を克服する努力をするかです。子どもが左利きであるということを知らなければ、この子どもは自分は才能がない、とか、怠惰である、と信じてしまうことになります。子どもが怠惰であるとすれば、成功をもはや期待していないということ以外の説明はできません。成功を期待しているのであれば、怠惰であることは決してありません。怠惰は劣等感の一つの表れであり、人生の問題に近づくとすぐに示されます。

　私たちの観察は、他の感覚器官にまで広げることができます。常に同じ線が示されます。即ち、勇気をくじかれたこと、他の人への関心がないこと、自分自身〔だけ〕への関心、さもなければ、克服とよりよい行為です。重荷を感じると、それの補償がいつも起こります。教育困難な子どもが有用なことを前にしてそれを回避する行動が、私たちの関心を引きます。そのような行動を教育困難な子どもの場合にいつも見出すことができるでしょう。

第三章　子どものライフスタイル

これまで見てきたことは、次の二つの根本的な問いに関わっています。まず、いつから問題行動があるかということです。この問題行動を見れば、子どもが正しく準備できていないことがわかります。次に、そのような問題行動が生じることになった以前には、どのような特別な出来事があったかということです。

私は最も早い子ども時代に、子どもの重大な劣等感を生じさせることになるいくつかの状況を認めることができるということを指摘してきました。また、このような劣等感がどこにあるかという問いにも触れてきました。劣等感は質問して聞き出すことができるものではありません。[1] 子どもが劣等感を持っているのがわかるのは、子どもが課題を前にした時だけです。そのような場合に、劣等感を見ることになるでしょう。子どもが自分でしなければならないことが何一つなかったり、望むものは何でも持っている限り、子どもの自己評価があらわになることは決してありません。このような子どもがこのような〔劣等感があらわになるような〕状況を前にして課題を解決することができないことが明らかになることがよくあります。背後に隠れているものが次第に見えてきます。子どもがどのように歩き動くかを見れば、最も深いところに私たちが理解したいと思う心の動きが常にあるのがわかります。子どもが自分の課題を解決できる、と確信を持って解決し始めれば、楽観的な傾向が表れ、しかもこの傾向は人生のあらゆる面で何度も繰り返し明らかになってくることでしょう。ここに見るのは、表現活動の中に明らかになり反映される活動性、創造力、信頼、自分自身の行為への信頼です。〔他方〕子どもたちが、ためらい、歩みを緩め、自信なさげにあたりをうかがい、疑い、あるいはおそらく、行き詰まったり、途方に暮れてしまうのがわかるでしょう。そのような子どもたちは、自分に対するしかるべき信頼を持っていないのです。ただ一つの点で調べるだけでなく、様々な異なった点を探求すれば、子どもをよりよく理解することができます。〔まず〕このような自己評価が他の場所ではどのように表れ、働くか、また子どもがいろいろなことにおいて、同時に自信があると感じているか、あるいは、自信がないと感じているか、自分が十分に価値があると感じているか、あるいは、劣等感を持っているかどうか、水平的な吟味をします。また、垂直的な吟味もしなければなりません。即ち、現在の現象を子どもの過去の特徴と比較するのです。そうすれば、子どものライフスタイルがどのように発達したかという線を見ることになります。正しく理解する限り、人間の精神生活の構造は一貫した統一のあるものなので、現在と過去のあらゆる問題点とあらゆる表現運動が一致していることを確信できます。〔ライフスタイルを知るためには、子どもたちに〕早期回想をたずねることができます。この早期回想を理解し、早期回想を読む経験がいくらかあれば、子どものシステムを明らかにし、同時に、子どもの自己評価を測ることができる基準を手に入れることを可能にする視点を見出すことは、非常に容易になるでしょう。この自己評価は、無意識なものになっています。

　無意識化ということについて、もう一言話させてください。子どもが置かれるあらゆる最初の状況は、子どもに影響を及ぼし、子どもが優越性の目標を保持し追求する可能性を持つような状況に対する立場を明らかにするように迫ります。このような自己を高めようとする絶え間ない努力は、いつも様々な仕方で表されます。子どもの人生が始まるとすぐに訓練が始まります。そのように訓練することを通じて、子どもは自分の役割を発達させますが、それについて意識していることもあれば、意識していないこともあります。しばらく経つと、無意識化が起こり、子どもは、自分の無意識的な動きと表現形式に応じて、自分の道を見出します。これは子どもが詩を暗唱してしまうのに似ています。即ち、〔暗唱の際には〕言葉を探す必要はないのであって、すべては無意識化され、意識に上ることはなく、ひとりでに口をついて出てきて、いわば「舌の上に」のっているのです。ピアノの名人は、曲を暗記し、空で演奏しますが、音符のことを考える必要はなく、ひとりでに曲が流れ出してきます。

今日の心理学の文献を調べると、ハルトマン[2]が述べたような無意識についての学説に出くわすことがよくあります。精神分析、あるいは、他の心理学の学派においては、次のようなことが部分的に、あるいは、全面的に仮定されています。即ち、この無意識には、いつも欲求（性的欲求）がはっきりと見出され、しかも文化的視点からすれば、悪といわなければならない仕方で見出すことができる、と仮定されています。この無意識は、悪であり、その上に、よりよい人生のために、制御装置〔としての理性〕を使って、道徳や連帯を求める努力が基礎づけられなければならない文化的な層が作られるものである、と理解されています。私たちは、このような考えに対して、次のように断言します。即ち、人間の発達は、身体の状態が十分ではないが、その力を緩和する最も重要な補償としての共同体の影響を受けており、方向を定められない人間の欲求は全て利益となるように獲得されたからには、そのことによって普遍的で有益なものの方向へと向けられるのです。

子どもの自己評価も、ライフスタイルも、自己洞察が欠けている限りは、同じものであり続けます。

私たちが教育に要求するものは、自己洞察を覚醒することです。私は次のことを補足したいと思います。事実を確認するだけでは何の役にも立たないということです。むしろ、この自己洞察を生き生きとしたものにしなければならず、しかも連関が私たちにも子どもたちにも明白なものにされなければならないのです。ある種の早期回想は、子どもがおぼろげながら知って感じてはいたが、後になって（初めて）理解することができることを示しています。私が会った子どもたちで、自分のライフスタイルについての説明を理解しなかったような子どもは一人もいませんでした。

　非常に小さな子どもたちが、ライフスタイルを、それに影響を及ぼすことができるほどはっきりと見て取っているということの例を出してみましょう。二歳の女の子がテーブルの上で踊っています。それを見た母親は非常に驚きました。そこで母親は、おろおろして叫びました。「降りてきなさい。落ちるから」。それでも女の子は動じることなく踊り続けます。その様子を見ていた三歳の兄はこう叫びました。「ずっと上にいろ！」。すると小さな女の子はすぐに降りてきました。男の子は、妹のライフスタイルを理解していたのです。忠告されたこととは反対のことをした時、まさにそのことで自分が重要であると感じる、と妹にわからせることができたのは明らかです。

　私たちにとって興味深いのは、失敗であり、子どもがどれくらいの距離を取って自分の課題に立ち向かっているか、実行はしないで、ただその意志だけを私たちに示しているかどうか（意志だけでは何ともならないのですが）、観察したいと思います。次のような心理学の教科書にも見つけることができるような考えは、人間の人生における思いこみにすぎません。即ち、意志があれば、そのことが行為を始めようとしていることの証拠であるという考え方です。これはよくある思い違いです。意志と行為との間には大きな対立があるのです。私たちがはっきりということができるのは、意志があっても何も起こらないということは確かだということです。〔親から〕解放されたいので、その代償として〔静かにしているから、と〕よい意図をいくども持ち出してくる子どもたちをご存じでしょう。このような子どもたちが変わるということはありません。子どもたちのライフスタイルは無意識的なものになっているのであり、意志は〔ライフスタイルの〕全体に合うように適応しているのです。

すべてが非常に明白に調和しているので、私が範例として見なしている一つのケースを報告しましょう。このような無意識化の手がかりをつかむためには、私たちが子どもの早期回想から知ることができる数多くのデータ、このように無意識化されるに至った事実を知っていなければならない、といっておきたいと思います。

報告は時には、全面的に信用に足るというわけではありません。しかし、子ども、あるいは、大人に最も早い子ども時代を回顧し、何か思い出せることを報告するよう頼むと、その人のライフスタイルの断片を手にすることができます。なぜなら、回顧する時、自分にとって最も重要であったが、今は大半は理解できない何かを選択するからなのです。この私たちの支点〔である早期回想〕は、無意識化されたライフスタイルに記されています。ここで問題になっているのは、活動的で創造的であるが、一つの方向にしか向かうことのできない無意識のガイドラインです。

このケースは、十三歳の少年のものです。彼は様々な問題を起こし、国民学校の五年生をやめなければなりませんでした。一番の劣等生で、盗みをしたという証拠がありました。よく学校や家から何日も姿を消し、すっかり荒れ果てて家に一人で戻るか、あるいは、警察によって家へ連れ戻されました。非行少年の典型で、まわりの誰もが彼は何をしてもどうしようもないやつだ、と確信していました。教護院へ連れて行かれ、そこで行動を改善しなければなりませんでした。この教護院には、私と一緒に仕事をしたことがあった教師がいました。彼は、この少年のものの見方は無意識化されてしまっていたので、この若者を罰して、不治であると思わせることでは満足しませんでした。何かを始める前に、まず、少年のライフスタイルと自己評価を知りたいと思いました。〔そこで〕彼が採った方法は、私たちが正当であると見なしているものです。彼はこのように考えました。「調査をどこから始めても、全体に到達するに違いない。少年が自分を表現するやり方で、全体と適合しないような部分というのはない」。そこでまず少年の通知簿を調べることから始めました。そのことから、最初の三年は成績はよかったが、四年生になって初めて悪い成績を取り、五年生になっても同じだったということが明らかになりました。

　教師は、今や問いの前に立たされました。いつから問題がはっきりと示されるようになり、試験で悪い点を取るようになったのか？　教師は、四年生になって悪い成績を取ったことから、四年生に教師が代わったのだろう、と推論しました。最初の三年は同じ教師だったのに、四年生になって教師が交代したわけです。彼はこのような失敗は、最初の教師が友好的だったが、二番目の教師が友好的ではなく、厳格であった時にだけ生じるということを知っていました。少年は教師の推測が正しいことを認めました。そしてこういいました。「四年の時の先生は、僕のことを好きではなかった」。また、〔成績が悪いのは〕教師のせいだ、と感じていました。以上のことは多くのことを理解するのに十分です。真実でなければならないということは決してないのであって、少年がどう感じたかが真実であるかのように作用するのです。例えば、虎が戸の前に立っている、と私が信じているだけであっても、実際に虎が外にいようと、どちらでもいいことです。事実であるかは重要ではなくて、事実をどう見なすかが重要なことなのです。

少年の教師は、以上のことから、次のことを推論することができました。即ち、誰かが少年のことを勇気づけ、甘やかされていると思える時にだけ、前に進むことができるということ、しかも実際に明らかに甘やかされた子どもであるということ、さらに、貧しいが、彼を甘やかす家庭で育てられ、母親は彼を自立させようとはせず、彼はどんな課題を前にしても「まず僕は友好的に扱われなければならない！」という条件をつけたということです。ここに少年の自己評価を見ることができます。誰かが、私は条件つきなら行く、といえば、その人は勇気を十分持っていないということを意味します。私たちは、甘やかされた子どもは、有利な状況では必ずしも明らかではないが常に勇気をくじかれていることを知っています。

教師はさらにたずねました。「盗んだものはどうしたの?」。答えはこうでした。「僕はできの悪い生徒だったから、友だちにそれをあげたら、僕の友だちになってくれるだろう、と思った」。これは子どもが盗みをする時によくある動機です。子どもが、友好的に扱われるためにあらゆることをした時も、同じ行動の仕方、人生に対する同じ態度決定を見ることができます。友好的に扱われたい、と思い、そのためには盗む以外には他の方法はない、と考えるわけです。私たちは、少年が他にどうすることもできなかったという少年の考えが正しかったように理解しないわけにいかない悲しむべき事実に到達します。友人がほしいのに、そのために必要なものを何一つ持っていなければどうすればいいかということは解くことのできない問題です。

このようなこともたずねました。「なぜ逃げたの?」。答えは私たちが期待するものでした。「宿題があると、これがどんなふうになるか、僕にはわかっていた。いつも最低の点しか取れなかった」。多くの生徒が学校に行きたがらないのは、いつも罰せられ、悪い点をもらうからです。そうなると両親は通知を受け、父親がやってきて、家でも罰を受けるからです。私たちの少年もそのように答えました。「父は、僕がしたこと、僕が学校からまた帰ってこないことを知ると、いつも僕を殴った。僕のことを大好きだった母はとても悲しんで、泣いた。そして僕には優しくしてくれた」。一言でいえば、彼は愛情がほしかったのであり、好かれたい、と思い、そのことと首尾一貫して、自分の目的を達成することが不可能であると思えるようなあらゆる状況を避けたのです。私たちは、ここで不登校、あるいは、家出と呼ぶ子どもの誤りについていくらか学ぶことができます。子どもがどこかで誰かに気に入られていれば、まだ逃げようとはしません。

　この子どもにはどこにいったい認められようとする努力が見られるか、とおたずねになるでしょう。そのことを少年はまさしく知っていたのです。家に帰ると、彼のことを心配した母親がキスをして抱きしめ、彼を迎えて喜んでくれるだろう、と知っていたのです。少年は甘やかされること、好かれることに成功しました。どの動きも、愛されるという同じ目標に向かっています。家に帰ると、彼は薪を集め、母親の部屋の戸の前で夜通し立っていたということが明らかになりました。ここでも、彼が盗みを働いて、他の人の気を引こうとした時と同じ線を見ることができます。その場合とは違って見えるかもしれませんが、しかし、それでも無意識化した同じライフスタイルを表しているのであり、一つの目標、即ち、目下実際そうである以上に重んじられるという目標に向かっているのです。

　以上のような水平的な考察のほかに、この少年が盗みを働くに至った経緯や、どのようにいつも母親と結びついていたかについて、垂直的な考察をしてみましょう。少年の二つの早期回想が私たちの助けとなります。少年が語るところによれば、かつて、氾濫したドナウ河[3]で溺れたノロジカが見知らぬ男に救い出され、家へと運ばれていくのを見ました。もう一つの回想は、かつて少年は、駅で貨車が炎上し、人々がこの貨車に積まれていたボールを集めて拾い上げ、家まで持ち帰ろうとするのを目撃したというものです。ここに、二つの支点を見ることができます。この二つの支点の間に多くのことが起こったのは明らかです。ここから子どものライフスタイルの全体における一本の線、即ち、他の人のものを盗むという可能性を準備する一本の線が通じているのがわかります。

　最も早い子ども時代に母親と結びついていたというもう一つの観点については、少年は次のように話しています。「四歳の時、父が僕を雑誌を買いに使いに出しました。でも……」。これだけでも個人心理学者には十分でしょう。というのは、父のことで話し始めましたが、「でも」という言葉で話を中断した時に、〔父親を〕排除する動きを認めることができるからです。「僕はおじのところへ行き、おじが母のところまで僕に付き添ってくれました」。一言でいうと、少年は、最後には母親のところへ行ったわけです。

　少年はいつも快適な状況に到達しよう、と努力しています。このようなライフスタイルにおいては、自己評価が自動的に低いものになるいうことも知らなければなりません。少年は、何も信頼できず、常に支えを必要とし、一人では立っていることができません。母親はおそらく申し分ない仕方で最初の働きをして、少年に自分が仲間であるという印象を与えたことでしょう。しかし、それだけでは十分ではありません。母親は少年を最初に父親と、さらに他の人と結びつくことができるようにしなければなりませんでした。母親は、しかし、子どもと父親との間の友好的な関係を作るのに成功しませんでした。なぜなら、母親は子どもを父親に引き渡したくはありませんでしたし、あらゆる点で子どもの人生の負担を軽減しようと願い、いつも子どもにとっての支えとなったからです。彼は今や一人では解決することができない課題に直面しています。

私たちは何をするべきか、知っています。母親のこの第二の機能について詳しく述べました。私たちの課題は、少年の共同体感覚を広げることです。たしかに共同体感覚を示す線を見ることはできます。〔しかし〕少年は盗み、逃走し、学校に行かないで、常に他者の利益を害します。少年の行為に勇気が欠如していることがおわかりでしょうか？　彼は課題に取り組もうとはしません。罰を受けたことがあり、悪い点数を取ることが目に見えているからです。認められたいという気持ちは、何度もくり返し示されるでしょう。少年が、共同体感覚をもって生きることに対して準備ができていないことがおわかりになると思います。母親の第二の機能は、最初の機能も果たした上で初めて果たすことができるものです。私たちのすべての治療、すべての教育的治療は、この母親の二つの機能を果たすことに基づいています。他の方法はないのです。

私たちは少年の誤りを明らかにし、人がおそらく行為の終わりには期待できるが、始まってすぐには期待できないようなことを人生に要求していることを示さなければなりません。即ち、初めから、評価され、好かれ、尊敬されることを試みても無駄であるということです。連関を例で示せば、彼は連関を理解するでしょう。私たちは、いつも彼は無意識化されたライフスタイルのわなにはまっており、すっかり彼が勇気をくじかれているのは、この誤った無意識化と関係があるということを指摘することができます。他のどんなケースにおいても、子どもの自己評価を子どもの動きから見て取ることができ、子どもを他の自己表現の仕方と結びつければ、かなりはっきりとした像を得ることが、おわかりになるでしょう。また、もしも〔その子どもについての〕このような支点を満足のいく方法で持ち出すのでなければ、厄介な状況に置かれることになるということも非常によくあります。しかし、経験を積んで没頭すれば、それだけこの課題は皆さんにとって容易になることがおわかりになると思います。付録に質問表をつけておきました。これを使えば、子どものライフスタイルと自己評価の程度をつきとめることができます。

第四章　運命の一撃

私たちは既に皆さんご自身に共同作業をしていただけるところまできました。即ち、レポートを持ってきていただいて、それを一緒に話し合うわけです。そうすることで、教育困難な学校の子どもに関するレポートを読み、それを理解するという技術の練習をしましょう。また、無意識化されたライフスタイルを、どのようにして変えることができるかを一緒に突き止めたいと思います。このような説明を通じて、本質的な点を明らかにすることができる、と私は信じています。

二つの重要な問いがあります。一つは、いつから問題行動があるかということ。他の一つは、子どもが人目を引くふるまいを示す状況はどんなものかということです。私たちは、他の人と人生の課題と困難に正しく立ち向かい、正しくふるまい、これを有益で、共同体全体にとって望ましい仕方で解決するための理解と訓練された能力を要求することは、いつも「対人関係的な課題」であることを確かめてきました。私たちは、また、子どもたちが課せられている、学校の試験がどういうものかも知っています。まず第一に、学校は試験となるものです。即ち、学校は、このような子どもが、どの程度まで、学校からの要請や、合法性に対して準備されているかの試験となります。しかし、学校の制度によりけりであるということに言及するのも、私は忘れるわけにはいきません。私たちが予想する以上に多くの子どもが、十分準備ができていない学校もありえます。このことは、子どもたち一人一人の独自性にほとんど関心が払われないような学校にとりわけ当てはまります。そのような学校では、権力原理があまりに強く前面に出てきています。私たちは、多くの子どもたちが、家庭において、盲目的な服従に対して訓練されていないことを知っています。なぜなら、子どもを自立させたい、盲目的に従うようなことがあってはならないという私たちの社会生活からのある種の要請が、家庭にまで及んでいるからです。このような〔厳格な規律を課す〕学校は、子どもたちにとってあまりに困難な試練になり、そこでは、他の状況におけるよりも多くの欠点が示されることになるでしょう。学校に入学してから、学校の内でも外でも新しい状況が生じます。例えば、教師が代わることや、転校すること、また、ひょっとしたら、クラスの中での子どもの立場が変わること、他の子どもたちによってもたらされるような何らかの影響がそれです。学校の外での影響は、学校での子どもの態度を本質的に変えることができます。〔それゆえ〕家庭の中で子どもを勇気づけるということが、殊のほか重要であるわけです。そのことがいかに重要なものであるか、一つ例をあげることにしましょう。

　十歳の少女のことを思い出します。彼女は、母親と一緒に私のところにやってきました。娘も母もすすり泣いていました。母親は、ようやく数ヶ月前に娘を引き取ったばかりだ、と説明しました。娘は、養父母のもとで育ちました。母親は、子どもが生まれて間もなく離婚したからです。子どもはそこですくすくと育ち、学校では成績もよく、その時は、国民学校四年生になっているはずでした。

　私は、後で、母親とだけ話をしました。母親が説明したところによると、夫は大酒飲みでした。それで夫とは一緒に暮らすことはできず、子どもが夫の欠陥のある精神から何かを遺伝したのではないか、といつも恐れていました。彼女は、子どもは模範的に育てよう、と決めていました。もっとも私には、模範的な教育ということで、彼女が何を理解しているか、よくわかりませんでした。子どもは四年に進級したのですが、この学年には発育が十分ではないように見えたので、三年生に戻されました。しかし、三年生のクラスでもついていくことができず、失敗ばかりしました。教師は、彼女は三年生にも向いておらず、このようなことが続けば、二年生に戻らなければならない、といいました。

その少女は、全く正常に見えました。私は、もしも彼女が田舎で四年生までいい成績をおさめてきたのであれば、彼女のことを精神発達遅滞児と見なすことはできない、と考えました。精神発達遅滞ではないという母親の報告から、別のことがここでは問題になっているに違いない、と私は結論づけました。私は子どもの運命について深く考えました。私は彼女が、養父母のもとで育ったこと、しばらく前から、また母親と一緒にいるということを知りました。さらに質問すると、彼女は本を読み始めたり勉強をする時には一心不乱であり、ぼんやりと悲しそうであったことがわかりました。母親はいいました。「私は理解できないのです。私は娘に対して非常に厳格で、私が夫のもとで見たであろうような逸脱を恐れなくていいように、と思いました。それにもかかわらず、進歩しないのです」

子どもの状況を深く見ていくと、子どもは養父母のもとでは非常にいい状態であったのだろうことに思い至りました。養父母は彼女に対してどんなふうであったか、まだ関係が続いているのか、手紙をやり取りしているのか、などをたずねるだけで十分でした。養父母のもとで九年過ごしたので、おそらくそこにはまだ絆があるのでしょう。後になって彼女が明らかにしてくれたところによれば、養父母のもとで、実際非常にうまくいっていました。もしも私が、私に対して好意的な養父母のところから、私を厳格に扱う母親のところへときたとしたら、どんなふうにふるまうだろう、と考えてみました。この子どもが、家に戻って会ったのは、模範的な教育という考えを持っていて、それをこの子どもに及ぼそうとする立派な女性でした。私は、この子どもが、養父母のもとにいた楽しい日々を思い出し、今は、希望を失ったのではないか、と思いました。養父母のところから母親のところへは行く道があるのに、逆に、母親のもとから立ち去る道はないのです。おそらく子どもは何度もこういったことでしょう。「もし完全に失敗すれば、母は私を追い出すだろう。そうすれば、もう一度養父母のところへ帰れるだろう」。子どもは、そこから立ち去ることのできないわなの中に自分が置かれている、と感じているのです。

これに関する質問をしたところ、私が推測した結果が示されました。私は、この子どもが、このような〔模範的な〕教育を受けると、自分の人生をすっかり荒廃させることになる、と見ていることが理解できました。子どもはさらに、養父母のもとでは、どんなに楽しく感じたか、学校には喜んで行きさえした、非常に成績もよかった、と説明してくれました。私は、もう一度、母親と話をしなければなりませんでした。私は彼女にこういいました。「私は何をしなければならないか、もうわかっています。でも、あなたがそれをできるとは思わないのです」。母親は、それでも、私に助言してくれるように頼みました。そこで、私は彼女にいいました。「私なら、子どもと友だちに対するように話し、こういうでしょう。『私はあなたに対しては誤りを犯した、と思う。でも、私たち二人がよい友だちとして生きていくのであれば、その方がずっとよいことであるしすてきだ、と、今、私にはやっと思い当たった』」。母親は答えました。「そうしてみます」。私は母親に新しいやり方を熱心に行うように、娘の立場は希望のないものではない、ただ誤りのせいだという印象を与えるように提案しました。そして、二週間後に私のところにくるように提案しました。

二週間後、母親と娘は、笑い、踊るような足取りで、喜び一杯で私のところへやってきました。母親は、〔担任の〕教師の、私によろしくという伝言を持ってきました。その教師は、二週間前は、一番の劣等生だったのに、今では、非常によくついてくることができるので大変喜んだのです。

　このケースにおいては、影響は学校から発しているのではありません。子どもが、例えば、勉強だけではなく、仕事にもつかなければならず、そのため、もはや勉強をする余裕がないというような家庭で、貧しくて、悲惨な状態に陥ったりしたために勇気を失ったというようなことから起こる悪い状況、ひどい現象を認めることができるようなケースと同じです。このような子どもたちの全生涯は、暗く、喜びのないものとなります。私たちは、子どもたちの後の困難を見るとすぐに、その前にはどんなことがあったかを考えないわけにはいきません。

　もっと上級のクラスでは、学校にも家庭にも求めることのできない状況があります。それは、子どもの精神生活に関係しています。例えば、てんかんの子どもたちは、後になって、大抵、完全な失敗をします。中学校のクラスでは十五、六歳頃まで異常のなかった子どもたちが、十六、七歳になって初めて青少年期精神異常を示すことがよくあります。このような子どもたちは、失敗の原因は、悪意とはまったく別のところにあるのに、学校でも家でも、全く不当に批判され、虐待されます。

　一般に、悪意は決して最初にあるのではなくて、常に勇気をくじかれたことの結果です。このような悪意に腹を立てるいわれはありません。それは、少なくとも、人生の悪くて有用ではない面において、何とかして他の人よりも抜きん出て、不愉快な仕方ででも自分を目立たせようとする最後の拠り所なのです。子どもたちとは決して闘ってはいけません。ただ探求し、考察してください。そして失敗をライフスタイルの構造の中に発見してください。

　私が先に話したこの子どもは、甘やかされていて、全く準備ができていない状況に突然入ってしまいました。おそらく、よりよく準備のできた子どもであれば、この少女が既に失敗したところで自分で持ちこたえることができたでしょう。子どもの失敗の原因として、よく何らかの病気があげられることがあります。例えば、インフルエンザの場合、脳に重大な障害を被った子どもたちが、後に、以前は意のままに行ってきたことをもはや行わないということを見ることがあります。このことは流行性脳炎にかかった子どもたちにも当てはまります。聴覚に障害のある子どもの場合、子どもはおそらく最初は、悪い方の耳で、以前よりも正確に聞こうと努力するでしょう。したがって、この子どもがこの悪い方の耳が全く困難をもたらさないことに慣れるまでは、悪い方の聴覚のことをいたわらなくてはなりません。就学期間に、硫黄病にかかった子どもたちは、それに伴う倦怠感のために、以前と同じように行動することはできません。潜行性疾患（結核）にかかり、熱のある多くの子どもたちが、成績が遅れることが誰にも気づかれないということが理解できます。

なぜ、多くの子どもたちが、重い病気の後、また勉強に遅れを取るのかも理解したいと思います。長く続く病気の間に、子どもは授業を受けられなくなるので、勉強の訓練を欠き、勉強に空白ができ、そのため、個人補習授業を受けなければならなくなります。

私がさらに示したいと思うもう一つの点は、殊のほか重要ですが、しかし、大抵は見逃されています。即ち、子どもが病気の間、しばしば恐るべき甘やかしが始まるということです。子どもは、病気が治った後も、それを失うのに耐えることができず、子どもの態度がひどく変わってしまいます。子どもの心は、病気が治ってからも暖かく扱われたいという憧れでいっぱいです。病気の後に見られるようになった多くの無作法、そして、多くの医師によって不当にも何らかの内分泌腺の障害に帰せられる無作法は、病気の間のこのような甘やかしの結果なのです（例えば、猩紅熱、百日ぜき、など）。

教育困難な子どもたちのレポートの中に、猩紅熱の間にこのような問題行動をするようになったということをお聞きになられるでしょう。親は、子どもたちが重い病気になった時、子どもが自分の恐るべき価値をしっかりと意識するようになるような態度を取る、と私たちは理解しています。子どもたちは、もう一度、病気になりたいと思います。また、子どもたちが、軽い病気であっても重いといい、苦しみは大変なものだと親にいうことがあります。子どもたちは、できる限り、病気を長引かせたい、と思います。病気が無上の喜びであるというような子どもたちもいます。心気症の人は、苦痛をいつも誇張します。そのことによって、容易な状況を見出すのに成功するからです。つまり、彼〔女〕らに要求されることは少なくなり、彼〔女〕らをほめ、関わるようになります。注目の中心に立つわけです。

〔他方〕子どもが、〔このようにして〕病気の後、以前よりよくなり、行動が本質的に改まったというケースもあります。次にあげるのが、そのようなケースです。この子どもは、教師の子どもで第二子です。私たちは、第二子は通常の子どもの成長のパターンからはいつも外れており、競争におけるように第一子に追いつこうとし、すべてのものをできる限り早く手に入れようとするのを知っています。このような子どもにとって、前にいる人の力が強ければ、困難な状況に置かれることになります。彼の言動は悪化しました。父親はどうすることもできず、教護院に入れようと決心しました。〔ところが〕子どもは股間節結核になり、一年にわたってベッドに寝たきりになりました。それから治り始め、復学しました。その後、彼はがらりと人が変わってしまったのです。そしてこの頃から、非常に愛すべき、勤勉な子どもになりました。このことをどう説明すればいいでしょうか？　この第二子の若者は、長い病気の間に、自分が先頭にいるということ、そして、誰かが絶えず自分のことで尽力してくれているということを体験したのです。彼は自分が冷遇されているのではないということ、彼のことで非常に苦労をしてくれたので、両親に愛されているのは確実である、と理解することができました。彼は事実から学んだのであり、自分の誤りを徹底的に変えることができました。このケースは私たちに、子どもに、自分が冷遇されていないということを言葉によってではなく事実で教えるとうまくいくことがあるという示唆を与えます。

学校での子どもの変化に関わるこれらの問いに関して情報を得ると、次に私たちは、二番目の問いに到達します。即ち、ライフスタイルが構築された時に何が起こったのかという問いです。ライフスタイルは、四歳から五歳までに形作られ、その時、後になって生き方が検証される時に、子どもが全く失敗するか、多かれ少なかれ適していないことが明らかになるような無意識化が行われます。私たちは、あらゆる状況で、「共同体感覚の欠如」が明らかであることを確かめることができました。私たちは、このような子どもたちが、四歳か五歳までに、害を与え、永続的な印象を残したような状況を経験したので、あまりに過度な負担が課せられたということを見出しました。彼〔女〕らは、「誤った統覚の方法」を持っており、それを用いて、全く違った仕方で世界を見、共に体験するという目標とは、全く違った目標を自らに課したのです。彼〔女〕らは試練を課せられると、いつも「人生の有用でない面」へと乗り換える傾向があります。このような子どもには三つのタイプを見出すことができます。どのタイプの子どもも、勇気をくじかれています。

1. 劣等器官を持った子ども
2. 甘やかされた子ども
3. 憎まれた子ども

　これらの子どもたちには、その体験を通じて、常に並外れた印象が及ぼされました。それで、この重荷を背負ってライフスタイルを形作らなければなりませんでした。このような子どもたちは、自分の課題を全く解決しないか、解決するとしてもただ部分的にだけそうするのであり、何に対しても準備することはなく、あらゆるものから逃げ出したい、と思っています。また、あたかも嵐の中にいるかのように興奮して課題を克服したいと思うのですが、すぐに疲れ、どんな目標にも到達することを望まない子どももいます。多くの子どもたちは、人生の課題を排除できる方法を探し求めます。何かがあまりに困難であるかのようにふるまっているという印象を受けないわけにはいきません。悲観的であったり、臆病だったりするわけです。そのことをその子どもの全生涯を通じて観察することができます。そのことは、どんな場合にも何度も繰り返し見出すことができますが、楽な状況にいる時には、見出すことはできません。もし何らかの方向で少しでも成功すれば、さらにずっとこの方向に進んでいくので、そのような時には、勇気があるかのように見えます。しかし、別の方向において私たちが見るのは、勇気をくじかれているということです。そして、あらゆる課題を回避し、重要性を認められようとする努力を、自分自身の考えや基準にしたがって、満足させようとする傾向があります。

　また、遊びに参加しようとしないか、あるいは、先頭に立つことができる時だけ遊び、ひどく興奮し、何でも排除する傾向がある中、学校の全体を排除する、即ち、学校から逃げるところまでいく子どもがいます。この排除は、時が経つうちに、様々な形で現れます。それは、全く学校にこようとはしない子どもたちに、最も明らかに見ることができます。子どもが、あらゆる希望を断念するところまでくると、次の段階は、学校にこようとしないということです。この方向で訓練をし、嘘をついて〔通知簿に〕偽の署名をするというようなことが、必ず起こらずにはすみません。当然すべての子どもがこのような手段を取ることに成功するわけではありませんが時折成功することがあります。子どもが学校に行かないのであれば、当然目につかないどこかにとどまっています。このような子どもたちは、大都市に数多く見ることができます。このようないたずらにどのようにして取りかかるかをよりよく知っている上級者と、そのことを喜んで教えてもらおうとする初心者がいます。どのようにして人生の有用でない面で傑出するか、盗むことができるか、子どもを襲うことができるか、性的な悪癖をするか、家に押し入ったりするかなどについての指示があります。このような子どもたちは大抵捕まえられません。罰を免れなかった泥棒や嘘つきも、〔逆に〕成功しなかった偽造者もいません。このような子どもたちが、一度、成功をおさめ、互いにそのことを自慢しあったとすれば、そのことは途方もない重要な意味を持っています。非行化した子どもの一味が現れます。彼らは、強くて、一人だけであるよりも強いのです。彼らは社会の災いとなるように育ちます。取り押えられると、自分に向かってこういいます。「充分〈抜け目がない〉というわけでなかったから（捕まった）！　もっと熟達しなければ。そうすれば、取り押えられるようなことはないだろう」。取り押さえられることなしに、あらゆることを自分の力以上を出してできる、と信じています。したたかであること、狡猾、悪巧みが、このような子どもたちの優越性の目標となります。

　私たちは、再び、どうすればこのようなことを防ぐことができるかという点に到達しました。教師さえ学校の子どもたちの勇気をくじかないよう説得できればいいでしょうに！　子どもが学校でも価値のあることをすることができるという希望を失わなければ、子どもの犯罪傾向、強盗の一味が発生することは、すぐに抑えられるでしょう。若い受刑者と関わりのある専門家は皆、子どもたちはもはや有益なことは何も信じられず、驚くほど臆病になり、幽霊を恐れ、一人でいること、暗闇を恐れる、といいます。〔しかし〕このことは私たちにはそれほど驚きではありません。なぜなら、このような子どもたちは、いつも誰かが自分たちに代わって重荷を引き受けてくれることを前々から期待していたことを私たちは知っているからです。こんな懺悔をします。「私がこうなったのは、母が甘やかしたからだ。〔あるいは〕子どもの時に既にいつも、のけものにされていたからだ」。犯罪者には、醜くて、不具の子どもが多いとはいいたくはありません。教師の課題は、このような子どもたちが人生の有用な課題に応じることができるように、勇気づけることです。

　個人心理学は楽観的な見通しを持っており、子どもの才能や能力が生まれつきであるとする考えは誤っている、と見なしています。このように子どもの才能は生まれつきのものであるという信念は一般的なものなので、それゆえ、それとは違う考えであればどんなものであっても全くくだらないものとして放逐するだろう、と誰かが指摘するとすれば、私は、最後に女性が魔女であるとして火焙りの刑に処せられたのは百五十年前のことだった、と指摘するでしょう。その時までは、実に多くの女性が、信じられないほどの苦痛を感じながら、魔女として殺されたのです。学者も、裁判官も、僧侶も、〔その上〕女性までもが皆魔女の存在を信じていました。今日、誰が、信念が一般的なものであるからといって、疑念の余地のない重要な〔精神的〕財産である、と説得することができるでしょうか？　誰もが、個々人に課題として置かれていることをできるわけではないという立場に私たちが立つとすれば[1]、そのことは誤りであり、〔子どもの〕発達を妨げることになります。

　感覚器官は、初めから、共同体という条件を考慮に入れなければなりません。私たちの身体構造は、人間がどれほど他の人に頼らざるを得ないかを示しています。私たちの感覚器官は、共同体の言語を話します。他者とのつながりと関係、他者への態度決定は最上位の法律であり、感覚器官は、常にそれにしたがって生き、動きます。全世界は、元来、私たち自身の身体の中に取り入れられています。私たちと現実とは、この現実が私たちの中にあるという形で結びついています。私たちは、全体の部分であり、共同体とは解くことのできない結びつきの中にあります。そこで、私たちの理想もまたこのような共同体の考えに沿って発達するのです。人間は弱いので、もしも共同体が絶滅することを未然に防がなかったとしたら、とうに破滅していたでしょう。すべてのものが、普遍妥当性を持っています。道徳は、共同生活の合法性をもたらします。私たちは、共同体全体にとってよいと思われるものをよい、といいます。私たちが価値があるというすべてのものは、共同体全体にとっても価値のあるものです。学問は人間をよりよい状態に高めようと試みます。宗教からは普遍妥当的な人生の規律が生じます。〔また〕政治的な世界観は、どんなものであれ、共同体の発達に貢献しようとします。個人心理学は、より深い連関の認識を通じて共同体感覚に到達する道を示すという課題を持っているのです。

第五章　本当の早期回想と嘘の早期回想

私が最近知った十二歳の子どものケースを出してみましょう。この子どもは一人っ子です。一人っ子はきょうだいがたくさんいる子どもとは違った環境で育つということを私たちは知っています。一人っ子はいつも注目の的となっており、自立させることは困難です。大人がいつも彼〔女〕の手からあらゆることを取り去ろうとするからです。彼〔女〕はいつも一番小さい子であり、絶えず、自分が弱い、と感じています。もっと大きくなるようにと励まされる一方で、何らの労苦をもたらされることなく、努力することなく生きることができるような快適な人生を愛しています。このような子どもたちが仕事は厄介な課題であると見なしても、私たちは驚かないでしょう。なぜなら一人っ子は注目と甘やかしの的でありたいという目標を持っているので、まさにこの目標が心に浮かんだ時、どんな仕事をすることも思いとどまってしまうからです。

　その上、このような子どもたちの境遇においてなされる誤りがあります。両親はいつも不安に感じているのですが、子どもが一人であるというだけではなく、子どもが一人しかいないのは、何らかの事情があったからなのです。つまり、病気や経済的な状況、また、結婚生活の不和ということがあって子どもを続けてつくろうとはしなかったからなのです。様々な制約や関係が、多くの点で家の友好的な印象に暗い影を投げかけます。私たちの課題は、子どもと子どもの誤りだけを、ちょうどメロディーの中から音符のように選び出すことではなく、より広い連関をも確認することです。

この若者の母親は夫を亡くし、今は母親は一人です。以前は暮らし向きはよかったのですが、状況が悪化し、今はよくありません。華やかな時代からの、絵とか装身具といった様々のものを保存していますが、現金はすっかりなくしてしまいました。

この子どもも、一人っ子で甘やかされた子どもであるということに加えて、華やかな子ども時代を経験してきました。子どもの喜ぶものなら何でも持っていたのです。しかし後には事情はすっかり変わってしまいました。

三年前に父親が亡くなり、母親が一人で子どもの教育にあたることになりました。おそらく、父親の庇護がこの子どもの発達に確実に影響を与え、したがって、これまでは父親の〔誤りを〕予防する力を感じてきたので、彼の誤りは明るみには出てきませんでした。それゆえ、今や別人になったわけではなく、彼のうちに潜在的にあったものが、父親がもはやいなくなった今になって突発したのです。

学校での成績はかなり悪いものでした。元来注目の的にあることに慣れており、まわりの者がどんな困難も彼のために片づけていたので、苦しさしか経験することのない状況に入ると、すぐに失敗してしまいました。そのことには慣れていなかったからです。ここで問題になっているのは、この一人っ子は自立していない、他の人を自分を援助するように引きつけることだけが目標である甘やかされた子どもです。

彼は別の学校に移りました。しかしそこでも全く成績は伸びませんでした。新しい状況というのはどんなものであれ、知性や性格を試す試験です。しかるべき仲間となったか、あるいは準備は正しくできているかが結果としてわかるからです。学校に入る以前は、このような課題は甘やかされた子どもには無縁のものでした。他の人に関心を向ける必要はなく、子どもの関心のすべてが自分自身に向けられています。いつも受ける人であり、決して、与える人ではありません。ここに誤りがなされたことを見ることができる、といえます。

彼は学校をやめ、盗みを始めました。しかも猛烈な勢いで盗みをしました。盗んだろう、とずばりと指摘されても、全面的に否定しました。厳しく脅かされても、母親がどんなおべっかを使っても、頑固なままでした。彼のおじがある日いい考えを思いつきました。この時の若者の態度も彼のライフスタイルが固定したものであることを示しています。おじは彼に彼が長い間望んでいた三日間の旅行を約束したのです。若者は、貴重な装身具を盗んだこと、それを人を介してお金に換えたことを白状しました。

このケースは今や私たちには非常に明らかです。私たちはどうすべきでしょう？　ここでなされた誤りについて意見を一致させておかなければなりません。母親と父親は、子どもが生きていた小さな領域では子どもに関心を持たせることに成功しました。〔しかし〕子どもは関心をそれ以上広げることはできませんでした。彼は個人教授を受け、望んでいたものはすべて手に入れ、身体的にも精神的にも非常によく成長しましたが、いつも受けはしても、与えるという態度は取りませんでした。盗んだものを何に使ったかといえば、非常に取るに足らぬものでした。おいしいものを食べたり、映画を見たり、海水浴に行くことなどです。

釈明を求められると、私たちには全く当然で思いがけないことではないことをいいました。「小遣いを僕に少ししかくれないのであれば（受ける人の態度）、何かを取らなければならない」

この表現から彼のライフスタイルを見ることができます。すべての表現は、〔このように〕この甘やかされたが、突然、〔自分の権利が〕奪われたと感じた子どものライフスタイルに適合しなければなりません。家では生活が貧しくなったため、学校では成績のために、他にはなすすべがありませんでした。彼が知的にふるまっていることがおわかりでしょう。道徳や共同体感覚を問題にしなければ彼の態度には不正なことは何一つ認めることはできませんが、共同体感覚という線に沿ってはかった時にだけ、〔大きな〕違いを見ることができます。共同体感覚が私たちの基準です。それゆえ彼の態度は不適切なものであり、非行化した、無思慮なものである、と私たちは見ます。他方、彼が〔権利を〕奪われたと感じた時、金を貯めこむこと以外に、どんな結論に達することができるでしょうか？　この子どもはどこで奪われたと感じ、なぜそう感じたのでしょうか？　この問いには様々な答えを出すことができます。しかし、〔そのためには〕私たちは、この問いに答えることのできるところまで進まなければなりません。

もう一度個人心理学の全体系を簡潔にはっきりと説明しましょう。私たちは既に二つの重要な問いを知っており、誤りが起こる以前の、あるいは現に起こっている状況は、この子どもにとって解くことができないように見えているということを前提にしています。もしも彼が学校で成功することを望んでいたとすれば、進歩していたでしょう。あらゆる状況で共同体感覚が発達していることが必要ですが、この若者の子ども時代の最初を回顧すれば、なぜ彼が他の人に関心を向けることができるようにはならなかったかがわかり、理解することができます。ライフスタイルが形成される時に生じた欠点の個々の部分を発見し、それが何を意味するかを探求することが私たちには残されています。

既に子どもたちの三つのタイプについて話しました。

１．劣等器官を持った子ども

２．受けるだけで与えない甘やかされた子ども

３．共同体感覚や他の人への関心があるということを知らない憎まれた子ども

この子どもたちの人生の課題をより仔細に観察すれば、なぜこの子どもたちが人生のある場所で失敗したかをいつも確かめることができます。私たちに与えられたわずかな、しかし非常に多くのことを語ってくれる断片から、なぜこの子どもたちが私たちの世界には適応していないのか、なぜ共同体感覚がなくなったかを突き詰めなければなりません。子どもが幼い頃、どんなふうに成長したか見てみましょう。第一子は後に第二子が追いかけてくるので、いつも後ろにある失われた楽園を振り返ります。他方、第二子は大胆に前を見て、第一子に追いつこうとします。第一子があまりに優秀なので第二子が大いに努力しても無駄となり、間違った道に入るということもありえます。男の子の間の一人の女の子、あるいは、女の子の中の一人の男の子の発達に見られる特殊性も指摘しておきましょう。

もう一つの断片は、子ども時代の早期回想です。これは個人心理学のすばらしい発見です。それはほとんど労せずして私たちのものになりました。なぜなら私たちは個人は統一したものである、と考え、個々の部分はどれも全体に属する、と見なしていたからです。早期回想は、たとえ他の人にとっては意味がないように見えても、ライフスタイルの全体の構成やそれの部分を把握することができるという意味で貴重な断片です。私たちによく知られた状況を人が思い出せば、一気にこれらが早期回想の意味と結びつくことを認めることができます。私たちはしばしば前もってどんな種類の早期回想が何度も繰り返して見出されるかということができます。私たちにとっては連関を確立することが最も重要なことです。このような早期回想の中に、劣等器官や、あるいは、病気を示しているものを見出

すことができます。あるいは、その子どもが甘やかされた子どもであったことを教えてくれます。また、子どもが自分のことを憎まれた子どもである、と感じていたことを示すものもあります。

基準となる一群の早期回想があります。幼い子どもが、「僕はクリスマスツリーが光り輝いているのを見た」と話しても、それ以上、注意が払われることはありませんでした。〔しかし〕このような早期回想を持つ人は、見えるものに特別関心を持っており、このような印象が殊のほか強く印象に刻まれ、見たいという欲求が、心の中に持続的な銘文として残っているということがわかるのです。

また、子どもの時に病気であり、どれほど苦しんだか、と誰かが話したとします。これは、このような子どもが病気の時に、特別に強い印象を受けたということを意味する断片です。この子どもたちは、大抵、病気と死に強い関心を持っています。最初の子どもは、視覚タイプの子どもとなって、おそらく色や絵に対する関心を持っています。二番目の子どもは、自然科学の領域に関心を持ち、おそらくいつの日か、病気と親しい関係にある死の問題を解決するために医師になるでしょう[1]。

偉人の伝記には後に歩むことになった道に既に幼い時に到達していたことを思い出していることが書かれています。「僕は母と一緒にどこかへ出かけた」というような早期回想を見れば、母親と一緒にいたという思い出から離れることのできない、甘やかされた子どもであったことを確かめることは困難なことではありません。このような回想〔を子どもが思い出すこと〕は、時に予想してあらかじめいうことができます。なぜなら、このような〔甘やかされた〕人の話のなかには、母親が何らかの姿として何度も繰り返し現れるからです。〔しかし〕このようなことはそれほどいつも表面に現れるわけではありませんから、ここで法則や公式を頼りにすることはできません。そのような枠から心を自由にしなければなりません。子どもが私たちに次のように伝えたら、何を意味しているでしょうか？

「僕は母と一緒に田舎にいました。父は街にいました」。これは母親が子どもに専念することができ、父親は甘やかしの領域から締め出されたという状況でした。甘やかされた子どもがいる場合、その父親に、教育するには厳格であれ、と勧め、子どもを甘やかしてはならないということは、大きな誤りです。このような場合、子どもは父親をますます締め出すことになるでしょう。教師もこのような場合には力で対処してはいけません。子どもは教師に公然と、あるいは隠れて反抗するからです。

　甘やかされた子どもの場合に特にそうなのですが、状況が変わり、甘やかしからいわば放り出されたということを示す二重の断片も時にあります。そのような場合には歌ったり、話したり、得々としゃべり始めたりする回想を得ることができます。「弟が生まれた時のことを覚えています」。私たちはこのような回想を理解し、そこから推論することができます。これは、この子どもが体験した悲劇です。このようなことは第一子だけに見られることではなく、他のきょうだいにも見られます。彼〔女〕らは、耐えられないと見える状況に入ります。そして強い嫉妬のような性格特性が発達します。これはそのような状況に置かれれば、どの子どもも経験することです。このような性格を年がいっても変わることなく持ち続けます。一夜にして失敗し、一夜にして力を失うことがいかに容易かということを子どもの時に見た人は、長じても、しばしば「好きなようにしろ、何をやっても無駄だから」と信じることになります。

　憎まれた子どもには次のような早期回想を見ることができます。「僕は殴られたのを覚えている」。当然のことながら、子どもがこのような記憶を探し出したのは、偶然のことではなく、発達を基礎づけたものが、「私はひどい扱いを受けた。いじめられた」というものであれば、そのような子どもの人生にはこの早期回想は大いに意味があるのです。その子どもは、しかし、必ずしも〔実際に〕ひどい目に遭わされたわけではありません。

私のところに治療を受けにきた人を思い出します。その人は自信がなく、それゆえ、自分とは身分の違う男女と交際していました。彼は次のような早期回想を語りました。「私はいつも部屋の中で窓のそばにすわり、外を見ていました。両親が兄と一緒に出て行き、私を一人で残して行きました」。彼は打ち解けなくなり、他の人をいつも敵と見るようになりました。精神的にはよく発達し、学校でも非常にいい成績を取りました。しかし非常に塞ぎ込んでいました。というのは背が低く少し弱かったのですが、他方、兄は背が高く、優秀だったからです。その上、兄は非常にハンサムな青年でしたが、彼の方はそうではありませんでした。母が兄の方を愛しているように見えたことも彼を苦しめました。少なくともいつもこのような印象を持っていました。何年もしてからある時、そのことについて母親と話しました。すると、母は兄のことをもはや愛してはおらず、むしろ、彼は人なつこかったので、いつも批判的で、よく口喧嘩をする皮肉な兄よりも彼の方をより近く感じていたという答えが返ってきました。

　彼の早期回想の一つは次のようなものです。「母に対してカッとなり、髪の毛を強く引っ張りました」。四年後、妹が生まれました。今度は妹が母親の近くにいることになりました。彼が信じたところでは、彼は〔母親に〕ひいきにされた二人の子どもたちの間に挟みこまれました。彼には厳しい家庭教師もいました。そこですぐに闘うことを断念しました。〔そこで〕父親の方に向かったということとは理解することができます。父親に向かうことは、いつも発達の第二段階です。そして、母親が子どもを持続的には自分の方に関心を引きつけることができなかったこと、ここで何かが起こり、母親と子どもの間に距離があったことをいつも示しています。父親が友情や好意の点で母親と張り合うことができた時、子どもは父親に近づくようになります。この若者が女性に対して先入観にとらわれていたことも理解できます。

この点を少し深く見れば、このような先入観にとらわれていることが、子どもが異性への傾向が既に一つの形を取る成人に達した時に、どこまで進むのかがおわかりになるでしょう。この若者は男性の役割を真摯に受け入れていませんでした。そのことについてあまり多くを期待していなかったからです。後に彼の人生で女性に夢中になるということが起こりました。ただしその女性には他の人も求婚していました。続いて起こったことは、この女性が夫を決めなければならない時に、正しく決めることができなかったということです。彼は、彼女が彼を選ぼうと決心できなかったことを非常に喜び、そのことを〔彼女からの〕解放と考えて喜んで受け入れました。彼は、この場合も、男性の役割を真摯には受け止めませんでした。後に、彼は浮浪者の青年に近づき、同性愛の関係に入りました。

これらすべてのことは非常に大きな意味を持っています。早期回想や夢をたずねることは、非常に適切なことです。それらは大抵非常に明らかに見えるので、少しでも疑うことはもはやできません。例えば、動物に追いかけられたという夢の話を子どもがすれば、それは世界を恐ろしいものと見なし、狩られる動物のようにふるまおうというその子どもの態度をも示しています。子どもたちが夢の中で服を着ていないで裸だった、といえば、この夢は〔ライフスタイル理解に〕利用できることがわかります。即ち、心の底を見破られるのはいやだ、他の人の前では本心を隠し、他の人には不可解のままでいようという意味なのです。

あらゆる場合に、子どもがどんな道を通って、どれだけ共同体感覚を育てることができたかを示すものを見出すことができます。子どもが最も早期の子ども時代に担った重荷を観察すれば、このような重荷がどれほど担うのが困難であったかを理解することができます。私たちは、また、このような子どもが後になって協力しなかったり、一緒に仕事をしないとしても驚かないでしょう。〔共同体感覚があれば〕身のこなしにも、勇気、楽観主義、活動性がどの程度のものかが表現されます。

早期回想は事実である必要はありません。空想であってもいいのです。私には私の人生と緊密に結びついた空想上の早期回想があります。私は三十五歳になるまでこの回想を胸のうちにしまっていました。私はこの回想を誇りにしていたのです。国民小学校に入った時、私は五歳でした。その学校は、ディースターベーグ小路のペンティング[2]にありました。私の早期回想は、私と級友は毎日墓地を通って学校へ行かなければならなかったというものです。私はこの墓地を通って行く時に気持ちよくありませんでしたし、いつも胸が締めつけられるような思いでした。ところが私の級友たちは楽しそうに通って行ったのです。

私には既に非常に幼い時に死の問題が親しいものでした。すぐ下の弟が亡くなった時、私は三歳でした。四歳の時、肺炎にかかりました。その時医者は私を見放しました。そういうことがあって、私は早くから死の問題に興味を持つことになったのです。ある時、級友の父親が私にたずねました。「大きくなったら何になるつもりかね？」。五歳の私は答えました。「医者になる」。「それなら君はすぐに最寄りの街灯柱に釣り下げられるだろう」。そうつぶやきました。しかし私は怖じ気づいたりしませんでした。医者についてのこのような意見は悪い医者についてだけにいえることだと考え、〔医師という〕職業の選択を変えませんでした。私はこの時にも墓地を越えて行くことを大きな重荷に感じていました。このような不安から自分を解放しよう、と私は決心しました。そこで次に級友と一緒に墓地に着いた時、私は級友たちから遅れて鞄を墓地の柵にかけ、一人で歩いて行って、墓地を最初は急いで、それからゆっくり行ったり来たりして、ついに恐怖をすっかり克服した、と感じられるようになりました。

私はこの回想を三十五歳まで持ち続けていました。この年、一年生の時に同級生だった人と出会いました。私たちは子どもの頃の記憶を話し合いました。その時上に述べた回想を再び思い出しました。私は彼にたずねました。「あのお墓はどうなったろうね？」。彼はしばらくの間よく考えてから答えました。「そこには墓地なんかなかった」。私の記憶の中にはこの墓地は確かにありました。そこで他のいろいろな場所のことも問い合わせてみましたが、答えはいつも同じでした。私はこの記憶の全体を空想していただけなのです。これは訓練することでいかに困難を克服しようとするかという子どもの勇気を示すものです。皆さんはいつも適切な方法を見出すことで困難を克服するための、訓練の重要性を何度も繰り返し見出すでしょう。この私の空想は無駄ではありませんでした。それは私の心の訓練になりました。現実においても、それはあまり不安になることなく、死の問題に対してしっかりとした気持ちでいるのに役立ちました。

私たちは再び私たちに〔ライフスタイルの〕断片を提供するのに適していると思われる新しい問題が現れるのを見ます。空想と白昼夢からも、多くの人がどんなところで重荷を感じているかを発見することができます。白昼夢にも空想にも、子どもが人生で重圧と感じているものから自由で解放されたと感じることを目標としているという同じ傾向を常に見出すことになります。私たちは、多くの子どもたちが空想について語るのを理解することができます。例えば、非常に金持ちなので、何でも手に入れることができるというような空想です。ここにおいてもまた共同体感覚がどれくらいのものか見ることになります。多くの空想においては、子どもたちはあらゆるものを自分のためにだけ買おうとします。〔しかし〕同じく金持ちにはなるのですが、おそらく親やきょうだいに城などを買おうとする子どももいます。このことから、このような子どもは他の人に対する関心を持っていることがわかります。また、貧しい人々に贈り物をしようとする人もいれば、あらゆる社会の不幸を一掃しようとする子どももいます。これらの空想は、お金に困っていることが、心に大きな負担となった子どもに見られます。

〔また〕空想の中で英雄になろうとする子どももいます。あるいは、小さな軍隊で大きな軍隊を打ち負かし人を捕えるという空想をする子どももいます。これは臆病な子どもの白昼夢です。空想の中でだけ、臆病さを克服しようとするのです。これらのことを思いつかせることになった空想の起源は、身体的に自分が弱いという感覚です。

この世を超えるものを手に入れようと努めること、例えば、天国、楽園、夢幻郷に行こうとすること、人間に可能である以上に、よりよい目的、よりよい状況を達成するという空想があります。また、自分は親の子どもではないが、ただ偶然に、親のところにいる、しかし、後になって、もともといたところである金持ちの家に連れて行かれることが明らかになるという空想もあります。このような空想も変わりうるものです。ある人の素性をよく考えてみるという空想を見つけることもあります。私は、城の所有者（伯爵、公爵など）のもとで働いている人、例えば、庭師あるいは御者の子どもが、自分は伯爵や公爵の子どもであり、この事実が後になって明らかになる、と思いこんでいる子どもの空想を聞いたことがあります。ある若者がある時、このような空想を使って、大騒ぎをしました。彼は、自分が父親の子どもではない、と騒いで父親と母親を困った立場へと追いやりました。

ウィーンでよくある子どもの空想は、例えば、皇帝を助け（興奮した馬の手綱を取って鎮めるなど）、そのことで皇帝からほめられるというものです。今日のように〔皇帝ではなくて〕首相であれば、このような空想を子どもが持つのか、あるいは持つとすればどんな形になるのか、私にはわかりません。

　非常に美しい女の子が、水の中に落ちた時に、大金持ちに救われるという空想もあります。ここには認められようとする努力も見ることができます。このような空想に大きな価値を認めなければなりません。なぜならそれらはライフスタイルを構成する断片を意味するからです。

　空想、白昼夢、早期回想から、子どもの生きる勇気がどれほど表されているかをいつも確かめることができます。子どもに例えば、「私の恐いもの」といった作文の課題を与えることをお勧めします。このような、あるいは類似の作文から、大抵子どものライフスタイルを確かめることができるでしょう。

第六章　子どもの早期回想と夢

子どもの早期回想

（六歳半の男の子）「四歳の時、川に落ちました」

人間の生がどんな危険にさらされているかということにあらゆる視点が向けられているのが、おわかりになると思います。子どもが過去を振り返った時、そのことからどんなことを結論として引き出すか、何を思い出すか、何に興味を持っているか、早期回想をたずねられた時に何を〔多くの回想の中から〕選択するかは、非常に重要です。この回想は、この男の子の関心が、人がいかに易々と災難を受けるかということに主として向けられているという意味です。彼は〔人生について〕このような見方をしているので、この〔川に落ちたという〕災難や、その他いろいろなことが、この男の子の中に呼び起こされたのです。彼は、不快な思い出を引きずっています。しかし、またそのことを通じて成長したのであり、あらゆる危険に対して用心するということも知っています。災難は、彼にとって、人生の道標になったのです。

大部分の子どもたちは、早くも勇気をくじかれたと感じ、危険を感じ、人生の危険に対して格別の関心を持って成長します。このことは、たしかに必要なことだともいえます。恐れは、いわば保護装置のように機能するべきですが、ほとんどの場合、この恐れはあまりに誇張されています。

あらゆることについて度を過ごすということがあります[1]。例えば、きれい好きというのは、たしかによいことですが、昼も夜も、清潔であろうと心がけるということになれば、人生の調和を破壊することになります。〔同様に〕用心深さも人生と体験のすべての範囲の中に調和するように組み入れていかなければなりません。さもなければ、あらゆるところで危険しか見ないということになります。迷ったり、あれこれ思案したり、疑ったりすることがあまりに重要なことになり、行為へと踏み出さなくなってしまいます。子どもが振り返ってこのような記憶を選び出す時、危険に対して大きな関心を持っていることがわかります。危険は、人生全体のいわば道標であり、さらにたずねてみれば、きっといくらでも彼が陥った危険な状況を思い出すことができるでしょう。

〔しかし〕微妙な違いを見逃してはなりません。このような回想の次にどんな話がくるかということからわかります。例えば、「僕は〔困難を〕切り抜けることができた」というふうに終わっていれば、全く違ってきます。このような回想であれば、危険はあっても、危険を恐れることなく、自分にはこのような危険を克服する力がある、と知っている別のタイプの子どもなのです。連関を発見し結びつけることから、子どもの六年の人生がまとまった統一のあるものであることを見るように努めてみましょう。

別の子どもは、二歳の時に起こったことを思い出しました。

「おとうさんが僕からおしゃぶりを取り上げました。僕は大声で泣きました」

そっけなく習慣をやめさせたのです。自分にとってよいものを持っているのに、それを突然手放すのは、辛いことです。この男の子は、誰かが何かを奪い去るのではないか、と今はいつも覚悟ができています。しかし、何も取り上げられないようにいつも注意もするでしょう。しかし、その際、彼は自分のことしか考えていません。

別の男の子の回想は、次のようなものです。

「僕は、妹が大声で泣いた時、妹のおしめを換えるように親に注意しました」

妹はおしっこをしました。兄はそのことを知っており、親に注意して助けを求めに行きました。彼は偉大な保護者、父親と母親の代理人ぶっています。後には、彼に父親のような傾向も見出すでしょう。彼は後になっても他の人の面倒を見るようになるでしょう。ここで、他の二人の子どもとの違いを見ることができます。最初の二人の子どもたちは自分のことだけを考え、共同体感覚をほとんど示していません。しかし、第三番目の子どもは早くも共同体感覚をいくらか持っているのを見ることができます。自分のことだけを考えているわけではないのです。優越性の追求も見ることもできます。それがいけないといっているわけではないのです。彼が優れていようとしているのは、人生の有用な面においてだからです[2]。

別の子どもは次のような早期回想を持っています。

「僕は二歳の時に初めて車に乗りました」

ここからわかることは、車に乗った時に快適に感じたこと、動くものに関心を持っていることです。おそらくこの子どもはいわば競争の真っ只中にいる第二子でしょう。なぜなら、まさに速度を増す運動が問題になっていることを〔他の多くの記憶の中から〕選び出しているからです。努力家の第一子ということもありえます。これは第一子が競争の中で身につける短所、特性を示すこともあります。例えば、いらだち、成功を急いで目指すこと、いつも一番であろうとすることなどです。さらに質問をすることで、このような解釈を確認するか、あるいは訂正しなければなりません。

別の子どもの早期回想

「僕は、今も祖母の埋葬式、棺、霊柩車のことを覚えています」

おそらく、彼は、死と闘い、死を克服することから、医師になる決心をしたかもしれません。このような早期回想は、医師に非常にしばしば見ることができます。

ある時、何になりたいかとたずねられた子どもが、「墓掘り人」と答えました。なぜ墓掘り人になりたいのかという問いに対して答えました。「僕は他の人を埋葬したいが、他の人に埋葬されない人になりたい」

この二つの回想を比較すれば、ここでも共同体感覚の違いを見ることができます。二人目の男の子は、自分のことしか考えていませんが、死を克服できるために優越性の目標も持ってはいます。しかし、この優越性は個人的なものであり、その子どもが、それをどう理解し説明しても、全く役に立たないのです。

「僕は、おばが苺を持って訪ねてきてくれたことを覚えています」

この若者が、何かをいつも期待しているということは、明らかです。彼は与えることには準備ができていません。彼にとっては、何かを〔与えることではなくて〕得るような状況が、常に重要なのです。

別の早期回想

「二歳の時に、初めてプラーター[3]に行ったのを覚えています」

私がここでいえることは、彼が速く動くものが非常に好きだということだけです。もしも彼がこの旅行を母親と一緒にした、といえば、この回想は私たちにとって別の意味を持つことになるでしょう。

国民学校三年生の女の子の早期回想（八、九歳）

「私は四歳の時、上手に絵が描けませんでした」

たわいもない回想に見えるかもしれませんが、私たちは別のことに関心があって、なぜこの女の子がまさに絵を描くことを〔早期回想として〕選び出したかに興味があるのです。おそらく彼女は絵を描くことに特別に関心があって、絵を描くことに苦心していたのでしょう。おそらくこの子どもは左利きだったのではないか、と思います。左利きであることをどのようにして見出すかを御存じですね。子どもに指を組んでもらいます。もしも左の親指が上にくれば、その子どもは左利きです。子どもは自分ではこのことを知りませんし、両親も大抵知りません。しかし、子どもたちは、右手を使えるように訓練を受けるので、このように左利きであることからくる困難を体験します。このような回想を読むことからも推察することができるこのような努力から、この子どもの右手が、初めのうちは、右手を使うことには向いていなかったのがわかります。彼女の関心は実を結んだ、と結論づけていいでしょう。この子どもの筆跡は、今ここで私が見たところ、いわゆる達筆といえるものです。子どもが最初は困難と闘い、後には、この困難を克服し、勝利をおさめたとしても驚くにはあたりません。

回想は、さらに続きます。

「私はよく人の絵を描こうとしました。すると母がいいました。『お前は鼻をキュウリのように描くね』。私は気を悪くしたりせず、描き続けました」

ここに彼女が、努力をし、勝利をおさめた証拠があります。彼女の人生の指標は、困難には立ち向かっていかなければならない、そうすれば、万事はうまくいくというものだったのです。

「全部描き終わった時、私はそれを母に見せました。母は、『もう鼻はキュウリのようじゃないね』といいました。それから私は美しい人を描くことができました。このことを私はいつも思い出します」

別の回想

「二歳の時、ノイヴァルデッグへ行きました」

ここで見ることができるのは、田舎暮らし、速い乗り物を喜んでいることくらいです。これはいろいろな意味に取ることができます。

「その時突然私は音楽を聞きました」

この子どもは、音楽や音に格別の関心を持っています。おそらく、次に、この音楽を聞いてどうなったかという話がくるでしょう。

「私は踊り始めました」

ここで問題になっているのは、リズムと、このリズムの中で彼女の身体が生き生きしているということです。

「多くの人が立ち止まりました」

彼女は他の人に自分を印象づけることに関心がありました。驚いて見られるのが、大変好きでした。他にも同じことを推測できる特徴を見つけられるでしょう。

「すると、一人の子どもを連れた女の人がやってきました。私は子どもを見ると、走っていきました」

彼女は、自分を他の人と結びつける傾向を持っているように見えます。これは彼女が共同体感覚を持っていることのしるしです。

「そこで私は大喜びでその子どもの手を噛みました」

しかし、これを見ると共同体感覚があるか、決めかねます。おそらく適切な共同体感覚ではありません。私は、皆さんに、一つの事実が、私たちが判断するのとは全く違ったふうに判断されることがあるということに注目してほしいと思います。この子どもは、何か悪いことをしても、それを美しい光の中に照らし出したいという傾向を持っています。これは、いつも賞賛されたいという彼女の傾向と関連しています。彼女は何か悪いことをしても、それが美しいことであるかのように見せなければならないのです。

「その子どもは泣きました」

ここにも聴覚的なものを見ることができます。

「子どものお母さんが叱りつけました」

また聴覚的なものです。

「私は母のところへ走って行きました」

この子どもは明らかに甘やかされており、他の人を排除しようとし、注目の中心に立ちたい、と思っています。彼女はおそらく、いつも自分をよく見せようとする第一子か、一人っ子でしょう。

四年生の生徒の早期回想

「二歳半の時に、両親と汽車に乗って旅行したのを今も覚えています」

おそらく場所を移動することに興味があるか、乗り物が速いことにも興味があるかもしれません。

ここではこれ以上解釈をしないで、先に進んでいきましょう。

「二ヶ月後、家に帰りました。すると、ベッドの中に小さな妹がいるのを見ました」

ここには悲劇があります。家から連れ出された時、彼女はおそらく一人っ子でした。〔しかし〕両親は彼女を彼女の知らない人のところへと送り、家に戻ってきたら、不愉快な突発事件が起こったのです。このような子どもはいつも次のように感じるでしょう。この人生には何も確実なことはない、いつも誰かが私の手に負えなくする、と。学校でも、卒業してからも、結婚してからも、彼女は誰かが自分を追い越すのではないか、と探してあちらこちらを見回すことになるでしょう。いつも同じ運命に追われるでしょう。そして、私たちはいつも彼女の中に嫉妬を認めることができるでしょう。

「私は満足するということがありませんでした……」

ここでも私の解釈を確認できます。私たちの科学[4]ほど確実なものは他にありません。私たちは大抵何が起こりうるか、をあらかじめ知っています。そして、大抵、〔予言の正しさを〕確認することができます。

「……というのは私は、母が妹の方を私よりも好きである、と思っていたからです」

私たちは、既に、この女の子が将来嫉妬するのではないかということを見ました。彼女は、誰かが自分より他の人の方を好きになるのではないかということをいつも探し求めるようになるでしょう。

「私は妹に辛く当たりました。そして彼女を叩きました。すると妹は泣きました。母がやってきて妹に飲み物を与えました」

この子どもは今前面には出ておらず、自分が一番のお気に入りではなく、いつも他の人が自分より気に入られるのではないか、と思っている子どもであることを、ここで確実に推定することができます。このような感情がこの子どもを阻んでいます。

皆さんは途方もない力を手中にしておられます。私たちが既に話した動機について探求すれば、この子どもをこの誤りから解放することができます。

「それから妹は眠りました。私は彼女を見たくもない、と思いました」

これ以上コメントをするには及ばない、と思います。

九歳の女の子の早期回想

「三歳の時、私はお母さんが恐かった。黒い帽子をかぶり、クランプス[5]のように見えたからです。それで私は姉のところに行きました。私は姉の方が好きだったのです」

彼女は三歳で母親からの距離を感じていたことがわかります。何かが起こったことは明らかです。それで母親は子どもの好意を自分につなぎとめることができなかった、と推測できます。この発言には非難の響きがあります。そこには批判があります。なぜ母親は美しい帽子を被らないのでしょう？

このことから、子どもが母親に対して非常に批判的な態度を取っている、と結論づけることができます。次に第二の段階がきます。子どもは、父親に頼っていきます。父親は、母親には見出すことができなかった暖かさを与えることができ、頼っていくことができます。なぜ子どもは批判的な態度を取るようになったのでしょうか？　おそらくここにも弟か妹の誕生があります。おそらくここに子どもが体験する悲劇の出発点があります。彼女は、母親が自分をだまして自分を見限った、と感じ、母親に対して批判的になり始めます。母親が〔子どもの〕あら探しばかりをするので、この子どもが成長していく中で、母親のこの態度はより激しいものになるということもありえます。子どもが揺りかごに横たわっている限りは、母親ががみがみいってもそれほど害にはなりません。しかし、子どもが理解できるようになれば、母親のこのような態度は、子どもに母親を見限らせることになります。

ひょっとしたら、母親が病気で子どもの世話をできなかった時期があるのかもしれません。そのために彼女の育児や世話などは、おばや祖母や家政婦などに任されたのかもしれません。また、子どもが恐ろしいと感じる母親の重い病気が原因だったかもしれません（例えば、精神病やてんかん）。子どもが他の観点でも批判的な態度を取っているかも探求しましょう。

この子どもの別の早期回想

「弟が生まれて来た時、弟はひどく大きな声で泣き叫んだので私はいいました。『この子を返してきてよ。こんな赤ん坊なんかいらない。こんなに泣くんだから』」

私たちが既に推測した小説の続きのように見えます。私たちの推測を確かめることができます。

同じ子どもの第三の早期回想

「ある時、姉が私にいいました。『見て、お前が悪い子でいたら、藁車が通るわ。御者のおじさんが、お前を藁の下に放りこむよ[6]』。私は恐くなった」

私たちが先に見たことと矛盾することがここで行われているか見るために、早期回想を比較することができます。

姉も子どもに不安を抱かせることができました。ここには、この子どもが姉に対しても非難をしたことが示されています。この回想だけが与えられていたとしたら、このようにはっきりと、この子どもは人が自分に対してよくふるまってくれない、と受け取っていると見ることはできないでしょう。この回想には、非難の響きがあります。これは姉に対する批判なのです。彼女は、彼女の気に入るようにすることは容易ではなく、不平をいうのを好み、激しい言葉で他の人の欠点を探し出すような子どもなのです。

第四の早期回想

「ある時、姉が上品な女の人のような服を着ました。私は、その人が〔姉ではなくて〕本当に上品な女の人だと思いました。でもその時帽子を取りました。そうしたら、すぐに姉であることがわかってしまいました」

ここにも、またもや批判的な態度があります。人を信じてはいけない、なぜなら上品な女性の服を着ていても、最後には、そうではないことがわかるから、と。ここにも他の人の価値に関して批判的な態度と悲観主義を見出します。そのような態度は、母親から始まったものです。彼女の態度から、母親によって伝えられた最初の印象がどれほど強く子どもに作用するか、はっきりと見て取ることができます。ついでながら、彼女は視覚タイプであると推測します。

私は既に子どもの空想について、子どもが恐れている時に、それが何を意味するかについてお話しました。不安は一緒にいるもう一人の人を自分のもとへと引き寄せ、利用する優れた手段です。子どもは他の人を自分に仕えさせるために不安になるということがわかります。不安は、子どもが自分の目的のために使う鞭であり、このことは非常にはっきりとわかるので、それを疑うことはもはやほとんど不可能です。

私はある時、非常に不安を感じる女性を知っていました。彼女は、どこにも一人では出かけようとはしませんでした。しかしそれでもついに、劇場へ一人で行く気にならせることができました。彼女は一人で家に帰ってきて、鍵を開けました。すると突然、知らない男性が戸袋のところに立っているのに気がつきました。彼女は大声を出しました。「あっちへ行ってよ。わからないの？　どんなに私が不安なのか」。不安は、勇気をくじかれた人、弱い人の安価な力です。

職業選択

どんな職業につくか思いをめぐらすことは、非常に価値があり、子どもがいつか他の人に対してどのような態度を取るかという子どもの方法、関心を示しています。もう一点指摘しましょう。多くの子どもたちが、十四、五歳になって、突然、自分がまだ何になりたいかわからないことを見出すということです。これは大いに問題のあることです。子どもが十四歳になるまで何になりたいか、いかなる決定も下してこなかったとしたら、おそらくその子どもは、人生の様子がわからないと思い、未来に対して目を閉ざしています。なぜなら、未来はその子どもにとって解くことのできない謎として目の前に立ちはだかっているからです。

私はもう何年も前に学校の子どもたちに、「私は将来何になりたいか」というような課題を出すことを提案しました。このような課題をする時に、子どもは決定し、考え、あるいは、少なくとも、「わからない」と書かなければなりません。子どもは自分が将来の職業をまだ決めていないことに気がつき、どうしたらこのような場合、援助できるか、考えることができます。私自身はこのような答えを引き出す課題を他には知りません。私は三、四年生にもなればこのような課題を与えるのがいいと思います。この「私はいったい何になりたいのか」という問いを心理学的な目的のために立てることもできます。一連の選択された職業を観察すれば、子どもたちがいつか優越性を目指したり、能力を発揮しようとしていることが非常に強く表現されているのがわかります。勇気がとうの昔に失われた子どもたちだけは、このことの例外です。このような子どもたちは例えば、「小さい時は、将軍になりたかった、それから、後には警官になりたい、と思いました。それからお父さんと同じになりたい、つまり、御者になりたいと思いました」と書くでしょう。

思春期の子どもであれば、次のような作文を書くでしょう。「最初は、ダンサーに、後には俳優、歌手、教師になりたい、と思いました。それから映画女優になりたい、と思いました。でも結局、私は家事に専念するでしょう」。何になりたいかというテーマを提案すれば、しばしばこのような〔進路についての〕方針を見出すことになり、驚かれるでしょう。

子どもの夢

夢を探求することも、心理学に重要なことです。夢の問題は非常に古く、人生に特別重要な意味を持っています。古代から今日まで、夢解釈に関する本があります。古代の夢解釈の技術は、夢は未来を垣間見るものという意味であった、と解釈していました。多くの人がこの夢解釈の技術を学問という名の下に保持してきました。

過去十年の間に夢の理解に大いに貢献した二人の学者がいることを付け加えたい、と思います。一人は、シューベルト[7]です。彼はほとんど知られていませんが、人間の夢の中に既にパーソナリティの反映を見ていました。このような折りに触れての指摘は、シューベルトよりも前の研究者、例えば、リヒテンベルク[8]に見出すことができます。彼は、人のパーソナリティは、態度からよりも夢からの方がよりわかるという考えを表明しました。フロイト[9]は、私たちの夢の性格をより理解するために、大いに貢献しました。しかし、彼の夢の解釈は欠陥があると見なさなければなりません。なぜなら、彼はあらゆることを小児性欲の充足に還元したからです。私はこの解釈と闘いました。後に、フロイトはこのような一面的な解釈を放棄し、夢解釈に「死の欲求」を利用しようとしました。

私にとって夢理解の飛躍的な点は、次のような点でした。「なぜ人は夢を見ても、その夢を理解できないのか？　なぜ、人は夢をどうすることもできないのか？」。次のような感情とともに目が覚めます。今日私は何か非常にいやな夢を見た、と。しかし、全く理解できません。夢には何ら重きを置きません。なぜなら、それをどうしていいかわからないからです。

個人心理学はこの謎を解きました。そのことで私たちが夢を見ることの理解に非常に重要な貢献をしました。夢の目的は理解されるということではなく、気分や感情を創り出すことなのです。夢を見る人は夢の気分や感情から逃れることはできません。気分や感情、情動は残ります。そしてそのことを念頭に置くと、なぜ私たちが夢を見るか、理解できます。それはある感情の中に自分を置くことであり、夢の中である気分を創り出すことであり、そしてこの気分によって、私たちが論理に反してやり抜くことができない何かをやり抜くためなのです。たとえ夢を理解できなくとも、夢によって産み出された気分は私たちの中に残り、私たちを動かします。例えば、誰かが不安な夢を見たとします。その人は、次の日、勇気を失ったまま過ごすことになります。他ならぬこの気分を創り出すことで、夢を見る人は、何をするかという指示ときっかけを得ることになるのです。試験を前にしているがあまり自信のない人は、山の斜面から落ちる夢を見ます。この人の不安な気分が、このような夢によってさらに強化され、勇気を失い、次の日に試験を受けないとしても驚くにはあたりません。自信のある人は、夢によって進歩したという気分を強化します。そこで、例えば、日の当たった草原を歩いていると、突然、すばらしい城が目の前に姿を現し、大いなる喜びと興奮で満たされるという夢を見ます。このような人は、はつらつとして愉快な気分で目を覚まします。そしてこのような気分の中で勇敢に試験に臨むのです。

第七章　早期回想・空想・夢の意味について

今日は、さらにいくつかの子どもの早期回想についてお話しましょう。

ここに国民学校三年生、九歳の女の子の早期回想があります。

「小さかった頃、ある時、私たちの隣の人がやってきて、私を乳母車から引っ張り出しました。それからその人の娘の服を私に着せました。私は廊下へと走り出て、階段を降りていきました。しかし、もはやそれ以上行くことができませんでした。母が私を連れて行ったのです」

この回想の深い意味を調べれば、この子どもはいつも何かを彼女のためにする二人目の人を必要としていることがわかります。「隣の人が私を乳母車から引っ張り出し、私に服を着せ、母が私を連れて行った」。ここにライフスタイルか、あるいは、ライフスタイルの断片を見ることができます。自分は弱いので、いつも支えとなる人を探し求めるようにライフスタイルは築かれたのです。これは強い劣等感を表しています。この回想は甘やかされた子どものものであると慎重に結論づけることができます。

「それからは私は一人では敢えて階段を降りることはありませんでした」

ここでも、彼女は一人では何もできないと信じているということを確かめることができます。そして、彼女のライフスタイルから、この少女は自信が持てず、自分に信頼を寄せていないということがわかります。

この少女の早期回想がもう一つここにあるので、幸運なことに、私たちの解釈をさらに確かめることができます。

「私たちはオッタークリンガー通りへ散歩にいきました。私は小さないとこを乗せた乳母車を動かしたかったのですが、落っこちてしまいました。クッションが全部いとこの上に落ちてきました。私はあまり上手にはできなかったのです」

ここで彼女は一人でしたかったのですが、見てご覧なさい。彼女は失敗してしまいました！　どんな疑い深い人でも、この箇所での私たちの推測には根拠があるというでしょう。

「母が初めてカールスバート[1]へ行った時、私は大泣きしました。しかし、父が私に、お母さんはすぐに帰ってくるよ、といった時、また元気を取り戻しました」

支えとなる人がいなければ、このような子どもは何もできません。彼女はこのような支えとなる人を再び手に入れれば、元気を取り戻すことができるのです。

「母が〔帰ってきて〕部屋に入ってきた時、私は『お母さん！』と叫び声をあげました。母は私がもう話すことができたので、非常に喜びました」

いつもこの子どもが母親と関係があることが示されています。

「初めてバナナを手にした時、私はそれを取って、皮のまま食べたいと思いました」

自分だけを頼りにせざるをえない時は、何とうまくいかないことでしょう！

「すると、父がバナナをむいてくれました。私はバナナを吐き出し、それを私の顔に塗りました。

それから私はそれをようやく食べることができました」

この回想が意味しているのは、一人だといつも愚かなことをして、一人では問題を解決できないということです。

「私たちは夏休みにズルツ[2]にいました。私は家畜小屋に小さな山羊を飼っていました。ある時、その山羊が私のもとから走り出していきました。私は泣き始めました」

今や誰かがこなければなりませんよね？

「すると隣の家の女の子がやってきて、山羊を見つけてくれました」

一人だとお手上げで、いつも誰か助けてくれる人がいなければならないのです。この子どもは、いつもライフスタイルにしたがって、支えになる人を求めるような仕方でふるまうのでしょう。家では母親に彼女にかかりっきりになってほしい、学校でも自分が無力であることを示したい、と思い、教師はいつも彼女のことに気を配らなければならないでしょう。私たちは、以上の早期回想から十二分に結論を引き出すことができます。見かけは変わるかもしれませんし、表現もいささか違いがあるかもしれません。しかし、骨組みは同じです。劣等感は好ましい状況では見たところ姿を消しますが、この状況が変わればすぐに再び現れるのです。

夢でも、このような骨組みを何度も繰り返して見つけることができます。そのためには、個人心理学のネットワークの助けを借りれば容易に手に入れることのできるある種の経験と技術が必要です。このような些細なことから推論できれば、教育者は有利です。このような教育者は、子どものライフスタイルの全体を詳細な伝記のようなものとして持っているのであり、このような子どもに何を期待するべきか、子どもの欠点を取り除くためにどうするべきかを知っているのです。子どもは自分に何が起こるか予想するということがありません。もしも子どもがそれを知っており、私たちが理解していることを理解して、このような骨組みの中にどんな欠点があり、この欠点はある誤りから生じ、この誤りが子どもを害しているのだという洞察に達すれば、次のようなことが起こるでしょう。

〔まず第一段階では〕子どもはしばらくの間以前と同じようにふるまうでしょう。即ち、お手上げの状態でまわりを見わたし、支えとなる人を求めるでしょう。しかし、このことが誤りである、私のしていることは正しくない訓練の結果である、と思い至るのです。第二段階では、子どもは失敗しますが、自分に特有の失敗を見て取り、その上、このような失敗の助けを借りて、自分がいかに弱く、助けを必要としているかを示そうと試みるでしょう。第三段階では子どもは自分の失敗や誤りを取り除き始めます。このような認識に基づいて、子どもは絶え間ない訓練を通じてよりよい方向に向かい、自立しようと努力し、この方がよりよい道であるという体験をするでしょう。そのようになれば、この子どもは、まず家族と学校において、後には人生においても、正しく進歩を遂げていくことになるでしょう。

　このようなライフスタイルの無意識化についての手がかりをつかむことは大切なことです。そのために私たちは様々な〔ライフスタイルの〕断片を自由に使うことができます。例えば、どのように話すか、どのように手を差し出すか、態度や顔色の変化など、どんなささいな動きもその人のライフスタイルについて推測することを可能にします。このようなことは皆その働きに応じて起こりますが、それをコントロールする機関は、その働きを監視しているわけではないように、子どもに自分を見張るように要求することも困難なことなのです。子どもの認識が、このように〔ライフスタイルを〕明らかにする時に、無意識化の過程を中断するということは、きっとよくご存じだと思います。どんな人にも決してその人から去ることがない特徴があります。これが、その人の中で無意識化されているものです。それに注意を向け始めれば、このような無意識的なプロセスを中断します。考え始めれば、無意識化のプロセスはもはや行われなくなります。ダーウィン[3]は、例えば、鼻の粘膜は刺激される時、その人はくしゃみをするという無意識的なプロセスを始める、ところが、どのようにしてくしゃみをするというプロセスが起こるかを考えれば、もはやくしゃみをすることはない、といっています。執刀医は患者にくしゃみのプロセスを考えるように注意を喚起します。そうすれば患者はくしゃみをしなくなります。

日曜日にハイキングをしたり、散歩したりする時、人は全く無意識に歩いており、自分の動きについては考えてはいません。突然、つるつるの氷の上を歩いていることに気がつき、不安になり、自分の動きに注意を払い始めます。するともはや「無意識」ではないのです。人の無意識化されたライフスタイルについても同じことがいえます。無意識化されたライフスタイルで足りており、大きな困難にぶつからず、よく考えてみない限りは、すべては訓練した通り起こり、ただ困難を前にした時にだけ考えます。このような思考がコモンセンスの方向で起こるのであればいいでしょう。子どもの目標は、いつも無意識化された動きの方向に置かれます。意識化された思考も同じ方向で起こります。無意識化されたライフスタイルを他の心理学者たちが「無意識」と呼んでいるものに入れ替えようとする時、意識と無意識は同じ目標を目指しており、互いに全く区別できないことがわかります。私たちは、無意識の中で悪い本能生活が大きな役割を果たしていると考える人とは、全く矛盾した立場に立っているのです。

職業選択などに関する子どもの白昼夢や空想が、さらなる〔ライフスタイルの〕断片として使われます。このような白昼夢を提供したいと思います。そこから、これが大部分の夢や空想が含んでいるもの、即ち、当該の子どもに現実には欠いていると見えるものを含んでいることを読み取ることができます。

お金に執着する子ども

「ある時、子どものいる母親がいました。その母親はあまりお金を持っていませんでした。しかしある時母親はいいました。『子どもたちよ、お前たちは、毎日、ほしいだけのたくさんのお金を望むことができる』」

私たちの体験によれば、このような白昼夢は、子どもの関心が明らかにお金へと高められているということを示しているように見えます。そして、お金の問題を通じて困難なことが生じた時だけ、このことは起こりうるのです。困難がない限り、子どもは空想の中でもこのような問いを究明しないでしょう。

「すると一番上の女の子がいいました。『私は家がほしいわ。棟梁を予約してくれない？』。『いいわ』と母親は答えました。棟梁がやってきました。そして私はこの世で一番美しい家を手に入れました」

この子どもは家を建てるという考えに〔白昼夢を〕関連づけたに違いありません。おそらく以前に今よりもよい暮らしをしていたのですが、状況が変わったので、このような点を特に強調したのです。

「家が完成した時、私は世界で最も美しい家具を買いました。それから新聞に広告を出しました。『子どもの好きな家事万端なんでもするお手伝いさんを求む』。たくさんの人がやってきて、私たちはロッテという少女を選びました。私たちの部屋はおもちゃがいっぱいでした。家が完成した時、私はゲルングロス[4]へ行きました。そして絹の服とモーツァルト風の服を買いました」

子どもはかつてよい暮らしをしていたに違いありません。その環境では、〔まわりに〕金持ちがいたり、よい家具があったのでしょう。

「私はすばらしい外套と麦藁帽子も買いました。それから家へ帰って、〈一万四百万十億〉マルク[5]を要求しました」

このような金額で、子どもは非常に明らかにいかにお金を過大評価しているかを表現しています。強い劣等感を持っており、お金がなければ人生はうまくいかない、お金を支えとして必要としている、と信じているのです。

「それから私は行って、昼食を買い入れました。次の日、私は何とか連絡がつく限りの子どもに私のところに昼食を食べにくるように、といいました」

ここで、子どもが財産がないことを非常に強く意識しているのに、それとは対照的にあまりにおおげさな願いを持っているのがわかります。これは下から上へと努力している運動です。彼女は〈一万四百万十億〉マルクを要求しています。そしてそれで昼食を買い入れます。彼女はそもそもお金をどうしていいのかわからないのです。

「子どもたちがやってくると、彼女は初めに豪華な食事を出しました。それから遊んで、子どもたちは家に帰りました」

彼女は他の子どもたちと結びつくことに関心を持っています。彼女が利己的な感情しか持っていない、と主張することはできません。彼女は一人でこれほどたくさんのお金を使うことをよしとはしていないのです。無論、施しを分配する傾向の中に優越感もあります。それが有用な面で使われることを彼女は求めています。だから他の人にも彼女の富を自由に使わせようとするでしょう。

　このような断片は、夢を見ることの中にも見ることができます。個人心理学は一面的な観察で満足しません。私たちが他の面で見たことと一致するか確かめるために、常に新しい証拠を引き合いに出します。

　私は既に前回の講義の中で夢を見ることの重要性について話し、古代や、あらゆる民族の生活において夢がいつも大きな役割を演じたことに言及しました。聖書やローマ人、エジプト人の中に、人が夢に大きな重用性を認めたこと、そして夢を未来への決定的なしるしとしていわば神の合図と見なしたことがわかります。

　人間は、態度がはっきりとしていない人だけが夢を見るということを直感的に理解してきました。私たちの夢を観察すると、いつも確信を持っており、何をするべきか知っていれば夢を見ないということがわかります。つまり、目が覚めている時には解決することができないと信じているような困難や問題がある時には、このような問題を克服するためにまだ何かが必要なので、夢を見るわけなのです。個人心理学は、夢の中では、情念、感情、夢を見る人が行きたいと願う一定の方向を指し示す心の方向が創り出されるということを確認してきました。実際のところ、日常の出来事や問題を解決するために、夢の中である気分を創り出し、ある感情を持つということが重要なことなのです。このような気分や感情を用いることで、目が覚めている時には、夢の中で創り出される気分がないので容易には準備ができない問題を解決するのです。人はある問題の中にいる時、夢の中で気分や、また、それに沿って動いていかなければならず、論理を用いたり、ライフスタイルの考えに沿うことでは克服できない困難を解決する方向へと導く方向線を創り出します。元来、私たちの夢の生活と目覚めている時の生活の間には何一つ根本的な区別というものはなく、私たちが何かをするよう自分を説得する時にも気分や感情を使って動くものです。

　チェーホフの『セイレン』という小説[6]が、このことの例となるでしょう。彼は、この小説の中で、誰でもある感情を創り出して、さまざまなすばらしい料理を描くことで空腹感を呼び覚まし、さもなければ非常に責任感の強い役人が仕事を中断し、食事の欲求を満たすために家に急いで帰るようにさせる様子を示しています。役人は仕事から離れ、気分を呼び覚ますことで、義務を忘れることができたわけです。人間の心は、論理によってだけではなく、感情や気分によっても導かれるという傾向があり、論理的な考えには矛盾する気分を自分の中に創り出すことができます。私たちは皆このような意図の深いところでは、人生の問いを論理的に解決することを断念して、私たちの感情と気分の助けを得て、より論理的ではない解決を試みるものだ、と私は考えています。多くの行為は論理的には理解できないことがあります。

　目覚めている時にも気分を創り出すことができます。悲しい出来事のことを考える時、あるいは、私たちの考えを私たちの身近にいる人に降りかかるかもしれない差し迫った不幸へと向ける時、私たちの気分はこのような考えと一致します。〔他方〕快適で愉快な社会の中に私たちがいると考える時には、私たちの気分はそれに応じたものになります。例えば、クエ[7]は、人間を自己暗示によって自分がいつもよりよくなっていくという確信を持たせるという方法を用いて、人生に喜びを感じ、人生の知恵を得させようとします。

　子どもが論理とは一致しない気分と感情に没頭するのは、理解することができます。〔しかし〕このような気分には限界もあります。ですから、空想や回想された状況を選択することで感情や気分を創り出し、「個人的な」優越性を達成するという目標を持っている心の動きを具体的な方法で表現することは賢明な方法ではありません。例えば、英雄や、あるいは、神のような理想に我を忘れるというようなことです。さまざまな手がかりから、このような子どもは、自分は何もできないと思い、自分の課題を解決することを回避することを目指すようなライフスタイルを持っており、このようなライフスタイルにふさわしい気分と感情を創り出すということが推測できます。〔しかし〕自分の課題を解決し、有用な方法で困難を克服しようとする人は、それに応じた気分や感情を創り出し、選択される空想もおおげさなものではありません。

夢においては、私たちは自由な活動の余地を持っています。現実にコントロールされることが少なくなり、いつも自分の目標に一致した空想、気分を創り出すことができます。このような気分を創り出さなければ、行くことができないような道を、行くことを助けます。このような気分が私の行動の権利を与えます。人が何かについてこのように感じ、その気分に応じて行動したということができる時、このことは非常に多くのことを意味しています。感情は全体的なライフスタイルの一部分にすぎません。というのは、〔ライフスタイルを持った人が〕このような感情を創り出し呼び出すように努めたからです。そして、この感情はライフスタイルに一致し、属しているのです。誰かがある問題が解けなくてこんがらがった気分のままに眠りについたとします。その時、この問いはその人を眠りの中まで追いかけ、論理やコモンセンスに無頓着に影響を与え始めます。人はそのような感情を創り出すのに必要な場面や比喩を選び出すでしょう。そのことによって、ライフスタイルの中で指図され歩んだ道を行くことを正当化します。私たちの解釈は次のような事実によってさらに確証されます。即ち、夢を見る人が用いる手段は、感情を創り出し、それに応じて行動するために目が覚めている状態で使う手段に似ているということです。

私たちが夢の中で感情をかきたてることができるということを、一つの例に基づいて明らかにしましょう。私が戦争の時に体験したことです。私は戦争で傷ついた神経症の兵士たちのための大きな病院の主任でした。私はこの場所が人気があったと誇張なしにいうことができます。なぜなら私は神経を病んだ人を前線へ送りたくはなかったからです。患者たちは非常に居心地よく感じており、不正を怖れてはいませんでした。そして私はよい結果をあげていました。

ある日、一人の若者が私のところにやってきました。彼は少し神経を病んでおり、私に兵役から解放してくれるように頼みました。彼は奇形であるかのように身をかがめて歩き回りましたが、彼の訴えは、全く根拠がないことが明らかになりました。私はいつも患者に関してそこの陸軍病院の責任者に報告書を提出しなければなりませんでした。その責任者が最終決定をしていたのです。その若者が私の病院を去らなければならなかった日に、私は彼に彼の状態は兵役から解放できるようなものではない、と告げました。〔すると〕突然身を屈めた姿勢をまっすぐ伸ばして、自分を解放してくれるように、懇願しました。自分は苦学生で、その上、年老いた両親を養わなければならないというわけです。そして、自分が解放されなければ、家族全体が死ぬことを意味している、と説明しました。私は、自分にできることであれば何でもする、そして歩哨勤務につけるよう試みよう、そうすればまだ残っている半日の勤務につくことができる、と勇気づけました。〔しかし〕彼は満足はしませんでした。彼は泣いて、私にもっと仕事を軽減してくれるよう懇願しました。しかし私は戦争の状況を考慮に入れなければならず、病院の責任者は根拠のない〔仕事の〕軽減を無効にし、彼を直ちに前線に送ることができるということを考慮に入れなければなりませんでした。私は夕方家に帰り、歩哨の仕事につける以外に道はない、と考えました。

　その晩私は夢を見ました。[8] 私は殺人者だったのです。誰を殺したかはわかりませんでした。私は暗い道を行ったりきたりして、自分が有罪でもあり無罪でもある殺人者であるラスコーリニコフ[9]であるかのように感じました。私は目を覚ました時、恐れおののき震えていました。殺人を犯したのだ、と感じていました。

　私は、この夢は先の若者に関係しており、彼の懇願を斥けたら本当は行うことになるであろうことを誇張した方法で意味していることにすぐに思い当たりました。論理的には、彼を危険の中に置くこと以外にどうすることもできませんでした。そうすることで、彼に害を与えることになったでしょう。しかし、私はもっと先に行くべきだと感じたのです。私は夢の中で私の論理を殺したい、と思いました。私は彼の両親が救われるように、もっと軽い仕事を彼に世話したい、と思いました。私はこのような自己欺瞞の手がかりをつかみました。そして私の論理に基づいた解釈に留まったのです。

　このような事情を知ってからは、私は誇張された感情に乗せられ、欺かれることはなくなりました。このような場合、コモンセンスは私が殺人者であるとはまずいえないでしょう。それは誇張です。私は充分温厚でした。しかし夢はこのような感情の動きを拡大し、私が殺人者であるかのような像を創ることを可能にしました。これは比喩です。私たちは美的な教育を受けると、大いに比喩を好むようになります。しかし、比喩はあらゆる場合において狡猾な欺きであり、現実と論理の考えに沿えば、〔事実の〕歪曲であることを見逃してはなりません。これは詩人の比喩にも当てはまります。私たちは何かを明らかにしたり叙述したい時、そしてあからさまな真実ではもはや間に合わなくなった時は、いつでも比喩を用います。比喩は私たちに当該の人がどこに向かいたいと思っているかを示します。教師も、叙述の方法を補うものとして、手管、トリックとしての比喩を用います。

第八章　夢の理論

私たちはこれまでのところで、夢について次のことを明らかにしてきました。

1．夢は、夢見る人を、その人の人生のある状況において、自分の論理に反して、その人のライフスタイルが本来導く方へと連れていく気分を創り出すという役割を持っている。

2．夢見る人は、夢の中から自分の課題を軽減するために望ましいと見える比喩や回想を引っ張り出すことによって、自分のライフスタイルへも帰すことができるある種の手段を用いる。

3．夢見る人は、自分の目標〔達成〕のために必要な気分を一層激しいものとするために、好んで比喩を使う。

私たちの考察は、一点に集まります。即ち、夢見る人が、このような気分を必要とするのは、論理や理性という手段を用いる時には見失うのではないかと恐れる方向へと行くことができるようにです。それ故、夢見る人は、夢を理解してはならず、現実が夢見る人に影響を及ぼすことなく、至る所でコントロールするのではなく、いわば、自分の夢に酔うのです。このような一貫した考察へと至るために、私たちは、〔夢の内容の〕選別をする方向づけが効果を発揮することを確かめました。このような選別は、特定の傾向を持ったものであり、子どもの早期回想がそうであったように、ライフスタイルに適合する出来事が夢見る人の記憶の中から浮かび上がってくるのです。関心も、ライフスタイルによって基礎づけられ、個人の優越性の追求に役立つものに関心を持つようになります。

夢においても、子どもや大人のライフスタイルがどのようなものかを確かめることにしましょう。夢からあらゆることがわかると考えているわけではありません。それも〔ライフスタイルを知るための〕一つの方法であり、この方法は、一貫したライフスタイルを突き止めることができるように、既に他の面から情報を得ていれば、非常に得るところが多いものなのです。

夢見る人が、感情や気分を創り、自らを欺いて、酔うために用いる手段は、問題を短く切り詰め、問題の全範囲に注目することなく、一つの点だけを、それが全体の問題であるかのように選び出すことです。

目覚めている時も、〔眠っている時と〕違ったふうではありません。このことは、日常生活において、数多くの事例の中に認めることができます。例えば、若者が泳ごうとはせず、水の中に入ろうとはしないとします。しかし、この若者が水の中に入るのを拒む時、彼を説得して、こういいます。「せめて、少しだけでも〔身体を〕濡らしてごらん」。水に濡れることが、この若者がしなければならないすべてであるかのようにいいます。〔同様に〕夢の中においても、夢見る人は、しばしば、ただ一つの点だけを選び出し、他のすべての点は重要ではないということがあります。問題を短くすることの他の面は、誇張するという面です。このことについては、私の夢を語って、既に話しました。戦争の時、私はこの夢の中で問題を解決したかったのです。

また、夢において〔子どもの〕行くべき方向がわかる可能性もあります。その結果は、私たちが、子どもの課題に対する態度決定を理解するために、白昼夢、空想、子どもの早期回想から得た情報と様々な仕方で似ています。

しばしば繰り返される非常に典型的な夢があります。そのような夢は、同じことを意味していないとしても、いつも同じ気分を創り出し、多くの点で互いに似通っています。子どもは典型的で、繰り返される夢を見るということを知っていれば、そこから〔ライフスタイルを知るための〕手がかりを得ることができます。

よくあるのが、「転落する夢」です。夢見る人が、どこかから落ちるのです。このような夢の多くは非常に短くなっているので、夢見る人は、落ちたという感覚だけを体験します。また、多くの夢は、非常に強烈なので、ベッドから転落するほどです。無論、このような夢は、注意していなければ、どんなことが起こるか、と夢見る人が想像することの最悪の結果です。それは見張りのように「注意しろ、ハリュス（1）を渡ってはいけない。危険だ。失敗するぞ」と警告して、大きな声で伝える気分を、夢見る人の中に創り出すのです。

このような夢が繰り返されることから、大多数の人間は、あまり勇気がなく、用心や不安が非常に大きな役割を果たしている、と結論せざるをえないことが、おわかりになると思います。人間の文化は、このような不安が浸透しているので、おそらく、個人の歴史も、人類の歴史も、両方がもっと勇気を持てば、全く違ったふうに進行する、といってよいでしょう。

よくある夢の形に「飛ぶ夢」もあります。この夢は、比喩の形で、優越性の追求を表していると理解することができます。この夢は、現実ではできないことを、どのようにすればできるか、超人的な力を要求されるものをどのようにして成し遂げるかが表現されていると見ることができます。このような夢を見る子どもには、優越性の追求を示す性格特徴を見出すことができます。このような「飛ぶ夢」

は、時には、「転落する夢」と結びついており、「高く登るものは、深く落ちる」というような言葉とともに表現されます。ウィーンなまりでは「高く登らなかったら、深く落ちなかっただろう」です。[2]

誰か人や、あるいは、動物に追いかけられるという夢もよくあります。この夢は、自分は弱くて他の人は自分より強いと考える人間の本質に対応していることをはっきりと示しています。このような夢は、強い劣等感を示しています。押し込み強盗の夢にも同じことを見出すことができます。例えば、危険な状態にあるが、出口を見つけられなかったり、あるいは、誰かから追いかけられ戸を閉めようとするが、戸が閉まらないというような夢です。いわゆる「悪夢」の中では、夢見る人は、抵抗しがたい抑圧を感じ、その際、目が覚めているかのような感覚を持つという内容のイメージが現れます。

また、列車や地下鉄に乗り遅れ、目の前を通り過ぎて行くという夢もよくあります。このような夢を見る人は、自分は特別の不運の星に追いかけられている、と信じ、このような不幸は自分だけに起こり、他の人には決して起こらない、と思いこんでいます。困難な状況にある人が、そんな目に合わなければどんなにすてきだろうと考えるということもあります。このような人は、無意識のうちに問題の解決から逃れています。試験の夢も非常によくあります。以前、試験の夢が常に恐怖の感情と結びつき、不安の感情を創り出すのに役立ったという気がかりな兆候があったのです。以上の夢は、非常に様々な人に見出すことのできる典型的で、しばしば繰り返される夢です。

他にもいつも繰り返される夢があります。この時折繰り返される夢は、夢を正しく理解すれば、特に明白に性格特徴を示しています。そこから、様々な状況において優越性の目標に達するために、同じような手段を求めていることを推測することができます。このような夢は、常にライフスタイルに応じて、同じ方向を保持するための気分を呼び起こします。

夢をよく見る人がいる一方で、夢をほとんど見ない、あるいは、全く見ない人もいるということを観察することは、非常に興味深いことです。酔ったり、嘘をついたり、欺くのが好きではない、また、気分に屈することなく、気分や感情をあまり高く評価しないということが、ほとんど夢を見ないか、あるいは全く夢を見ないことの理由のように見えます。また、置かれている状況で幸福に感じているか、あるいは、少なくとも、自分が巻き込まれることになる問題を解決したいという欲求を感じない人も、夢を見ません。〔他方〕日常生活の論理より感情に左右される人は、よく夢を見ます。見る夢が短い人がいます。この夢は、このような見る人が、課題の解決のための近道を見つけ、それに応じた気分を創り出そうともくろんでいる人であることをはっきりと示しています。長い複雑な夢は、夢見る人が、一貫した気分を創り出せなかったということを示しています。長い夢をはっきりとさせることができないことがよくあります。これは大抵どのように自分を欺くか、どのように気分を創り出したいのか、決定できない人の夢なのです。

次に、子どもの夢のよい材料があります。それについて、コメントしてみましょう。

国民学校三年生の子どもの夢

「僕は夜には夢を見ません。そして、昼にはそもそもめったに夢を見たりしません」

この子どもは、自分の〔課題解決の〕道を知っており、現実的に考え、自分を欺いたりしない、決心のできている子どもである、と仮定することができるでしょう。

「ごくまれに、大きくなったらお手伝いさんと結婚するだろう、と想像します」

この子どもは言い逃れをしたりせず、決心していて、大きくなったら何をするか、わかっているのです。

「僕は彼女が好きです。なぜなら、僕には大変やさしいから。彼女が新郎と並んで祭壇のところに立てば、僕は飛んでいって、その男を突き飛ばすでしょう」

彼は事態を真剣に取っており、強い介入が必要であり、その上、つかみ合いの喧嘩をしなければならない、と心の準備ができているのです。

国民学校四年生の女の子の夢

「ベッドに寝て、夢を見ました。とても恐い夢でした。ホールに立っていたのですが、そこは人気がなく、ぞっとしました。大きな窓が二つありました。でもたいへん気味が悪いものでした。引きずるような長い服を着た死神が、部屋の中を歩き回るのを見ました。死神には、目も髪もありませんでした。でも私を見つめているように見えました。声をあげたかったのですが、声が出ませんでした。〔部屋の中に〕父を見つけました。父は全く違ったふうに見えました。茶色のあご鬚をして、足は四本あり、大変若く見えました。すると突然、父の姿は見えなくなりました」

この夢は、複雑に見えますが、この夢の意味は非常に明白です。この子どもは、家族の死のことを考えており、まわりにいる誰かが死ねばどうなるだろう、と将来のことを考えているのです。夢の中での父親は、非常に若く見えます。これは、まだ父親が死ぬまでには、長い時間があると考えて安心しているということです。彼女は、父親が死ねばどうしたらいいか、心配しているように見えます。彼女は母親よりは、父親の方に結びついているように見えます。

ここで、子どもたちは、親が死ぬことを願っている、と仮定している心理学者がいることを指摘したいと思います。私は、このように〔親の〕死を願っている夢を見出したことが、ほとんどありません。〔むしろ〕ここには、この夢によって創り出される気分、即ち、非常に悲しい気分があります。子どもは、将来のことを考え、父が死ねばどうしよう、それはきっと恐しいことだろう、と想像しているのです。しかし、同時に安心もしています。私の父は死ぬかもしれない、しかし、幸いなことに、父はまだとても若い、と。彼女が夢の中で見た父が四本足だったことも、たとえです。例えば、誰かに腹を立てて、「このロバめ、雌牛め」などといったとしたら、いずれも〔文字通りの意味ではなくて〕罵りの言葉として使われているようなものです。それ以上の連関を、このことからは敢えて引き出さないでおくことにします。

四年生の女の子の夢

「ある時、美しい天使の夢を見ました。私は庭にいました。そこで、男の人が、私を水の中に投げ込もうとしました。突然、私の前に天使が立ちました。そして、私を手の中にしっかりと抱きしめ、いいました。『この子どもを水の中に投げ込めば、おまえは死ななければならない』。それから、天使は、私と一緒に天国へと昇って行きました。天使は私の両親も連れて行きました。天国は非常に美しいところでした。その時、私は目が覚めました」

　これは、明らかに、支えとなる人を求めている子どもです。この女の子にとって、男性との関係は危険なものである、と考えられているように見えます。その男性は、彼女を水の中に投げこもうとします。彼は悪事を企もうとしているというわけです。そこで、彼女を守る天使を味方につけなければなりません。この女の子が甘やかされた子どもであるということのさらなる証拠は、彼女が天使とともに天国へと昇っていく時、両親をも連れて行くことです。

「ある時、イエスがおられる夢を見ました。前の日に、私はイエスに手紙を書きました。それでこんな夢を見たのです。夢の中で私は非常に大きなクリスマスツリーを手にいれました。その木は、天国まで届きました。私はうれしかった……」

夢の中では、〔夢を見る〕前日の心の動きの続き以外のものは起こりません。この女の子は、次のように、自分で結論を出しています。

「……なぜなら、たくさんのおいしいものがその木にはぶら下がっていたからです」

この子どもは、明らかに食べるものに関心を持っています。

「私は目を大きく開けました、すると、人形の乳母車の中に、大きな大きなテディベアがあるのを見ました」

この子どもは、視覚タイプであると推測することができます。

「木から飴玉を取ろうとした時、ドアが開き、クランプス[3]が入ってきて、すぐに走り出て行きました」

これは、つまみ食いをしてはいけないという警告です。

「目が覚めると、一体大きなクリスマスツリーはどこにあるのか、人形の乳母車の中の大きな大きなテディベアはどこにあるのか、探しました。でも、何もかも消えてしまっていました。お母さんは、夢の中で私にキスしてくれました」

疑いもなく、母親と非常に結びついている子どもは、大きなクリスマスツリーに表されているような大きな希望を持っています。つまみ食いの好きな貪欲な子どもは、夢の叙述の最後のパラグラフが示しているように、まだ満足できず、夢の中で、なお母親からキスを受けなければならないのです。

四年生の女の子の夢

「父と私は散歩に行きました。一時間ほど歩いた後、さらに一時間歩きました。しかし、目的地には着きませんでした。ついに私たちは、一軒の家にやってきて、そこに立ち寄りました」

この子どもは、どことなく不安で、問題を処理することができない、と感じています。

「私たちは中に入りました。すると、何もかもが銀でできていました。私たちは銀に大変夢中になった後、眠ってしまいました」

夢の中で、二人は眠ってしまいました。

「私たちを悪魔が閉じこめ、山の方へと運んで行くという夢を見ました。二人とも滑り落ちました。それぞれが違うところへと落ちました。それから、私は目を覚ましました。でも起きなければなりませんでした。もう七時だったからです」

いつもトラブルがあります。ついに旅の後で悪魔が突然やってきて、閉じこめ、滑り落ち、転落し、いつも難儀し、高いところに留まることができません。この子どもの筆跡は、〔夢の叙述の〕どの行も下に向かっています。偶然にすぎないかもしれませんが、この子どもは力を落とし、いつも困難な目に遭い、うまくいかず、失敗するので、なぜ私は努力しなければならないのか、と考えるのを見るでしょう。

十一歳の男の子の夢

「ある時、小川の夢を見ました。小川に沿って歩くと、乾燥した場所にやってきました。そこには若い鮫がいました。僕はピストルを取り出して、撃ち殺しました」

この若者は、事態を軽く扱い過ぎます。彼は、ピストルを持っていますが、魚は持っていません。

「鮫を拾い上げると、たま傷が三つ以上ありました」

これは、おそらく特に英雄的行為です。

「家に持ち帰り、お腹を切り裂いて、はらわたを取り出しました。目が覚めました。吐き気がしたからです」

彼は、ものの内側がどう見えるかということに関心があるが、そのことに感動しない、と説明できます。

夢を構築する時に、夢を見る人の知性が、いくらか反映されます。それは、人の特異性を示すだけではなく、他にも様々な情報を与えてくれます。

同じクラスの別の生徒の夢

「昨日の晩、変な夢を見ました。僕は機械工で、両親がいませんでした」

どうやら、これは将来起こるであろうことをあらかじめ考える夢です。

「僕は若い女性の小さな部屋に住んでいました。その人は僕の母によく似ていました……」

これは、孤児が母のことを後になって思い出す夢かもしれません。

「……僕は家賃を要求されませんでした」

（先生の説明によると、この子どもは、事実両親がいないということでした）

この子どもは、今十二歳で、母親がいないということをまだ忘れることができません。この子どもは、そのことを忘れることができず、もし母親がいればどうなるだろう、と考えているのです。

「ある日、朝食を持ってきてもらった時、僕は、突然、大喜びしました。というのは、その女の人の中に、母親を見たからです。その後すぐ、僕は目が覚めました」

彼は、母親がいれば、いつもうまくいく、つまり、朝食を持ってきてもらえるし、家賃を払う必要もないし、いつも喜びだけがある、と信じているのです。

孤児は、しばしば、母親がいないという悲しい事実の意味を過大に評価します。このような子どもたちは、あらゆる困難と人生におけるどんな不幸も、母親がいないということのせいにします。そのことは、しばしば辛い気分を呼び起こし、他の人から自分が軽視されている、と感じます。

私は、孤児であった一人の若者のことを思い出します。彼は成績が悪く、自殺しました。そして、手紙を残しました。その中で、彼は次のように書いています。「両親といた方がいい」。現実と空想の間にあまりに大きな対立がありますが、彼はこのことにはもはや直面することができません。

私たちがこれまで話してきた夢は、これらの子どもたちが、自分より強い人を〔突き飛ばして〕征服し、手伝いの女性と結婚しようとする若者を別として、あまり勇気がないということを示しています。別のケースでも、私たちは、ほとんど勇気のない子どもを問題にしています。夢の中でも私たちはあまりに勇気がないということが注意を引きます。夢と早期回想から、この子どもたちは、根本的には弱く、あらゆる種類の恐れに苦しみながら成長していき、常に危険と失敗のことを考え、目標に到達するためにすべての力を集中させないことがわかります。問題の解決に際して、勇気を持たず、夢を通じて気分を創り出し、問題の解決を回避するか、あるいは、問題に近づくにしても用心してのことなのです。これは、このような子どもたちの態度の中に反映される特異な世界観です。

「世界観」というのは、人がどのように人生のあらゆる問題を考察するか、それに対してどのような位置に立つか、そこからどのような結論を出すかということです。例えば、人が常に競争の中にいて、急ぎ、満足できず、他の人が自分より優るのではないか、自分の手に負えなくなるのではないかという恐れや、不安を持っている時、その人の世界観は正しくないということを指摘する以外に、この人を助ける方法はないのです。「万人の万人に対する戦い[4]」も、一つの世界観です。しかし、これは普遍妥当的なものではありません。このような理解が正しくないことを明らかにし、コモンセンスの意味で有益で正しい世界観の正しさを認めるように、人を動かさなければなりません。

第九章　概括　共同体感覚

この講義では、これまで話してきたことを要約し、教育困難な子どもについて解釈したいと思います。以下において、子どもをよりよく理解できるためには、子どもに共感し、子どもと自分を同一視することが、最善の方法であることが、おわかりになるでしょう。

絵を釘に固定しようとする時、うまく絵を掛けることができるまでは、奇妙な感覚を覚えるでしょう。おそらく、「絵の中に」いるかのように感じるでしょう。家の前を通った時、家政婦が三階で窓を拭いていて、狭い窓の下枠の上に立っていないかのように動くのを見れば、自分がそこの上のところに立っているとしか説明のしようがない緊張感を覚えるでしょう。綱渡りの曲芸師を見る時も同じ感覚を持つでしょう。多くの聴衆を前にして演説している人が、話の途中で突然先に進めなくなってつかえてしまった時、皆さん自身が、このような恥ずかしい目にあったかのように感じるでしょう。

そもそも理解するというのは〔自分と相手とを〕同一視する行為なのです。このような同一視は、人生の初めから非常に重要な役割を果たしており、私たちの存在のどの瞬間も私たちについてまわるものです（例えば、私たちは劇場では、俳優の役に、本を読んでいる時には、主人公の役に共感します）。理解するという行為が、人への共感と結びついていることについては、数多くの実例があります。

このような共感は、小説を読む時のように行わなければなりません。小説を読んでいる時には、しばしば自分の場合と同じであると考え、そもそも描かれている人物の運命に共感しているとは気づいていないものです。

そこで、教育困難な子どもの描写を読む術を正しく心得ているのであれば、次のように感じるでしょう。もしも私がこの子どもと同じ状況にいて、同じ立場に立てば、同じことをするであろうし、同じ状況では、同じような誤りを犯し、同じ行動の目標を立てるであろう、と。共感することができれば、そのことが、私が子どもを理解したということなのです。それができなければ、あらゆる努力は無駄で役に立たないものとなり、どうすることもできず、ライフスタイルが構築された時に生じた誤りを見ることもないでしょう。私たちは最良の武器を装備しました。そして、個人心理学のネットワークの力を借りて、〔ライフスタイルの〕誤りが起こった点を見つけることができるのです。

皆さんは〔ライフスタイルの〕誤りを認識するために立てなければならない最も重要な問いをご存じです。「いつから問題があるのか?」という問いです。問題は、大抵、子どもが過去において、今いる現在へと正しく準備できていないということになった時から生じています。私たちは試験と見なすことができるいくつかの新しい状況を知っています。それへの答えから、あるいは、答えないということから、子どもが正しく準備されているか、そうでないかを確かめることができます。人になされる質問は、常に対人関係的な性格のものです。このような質問は、子どもが人生や他の人や課題に対してどんな態度を取っているかということに関わっています。人生には、対人関係的な問いしかありません。それに答えることとは、ある程度の共同体感覚を必要とします。私たちは、子どもが要求されたことを成し遂げることができないとしても、子どもには罪がないという認識に十分達しました。

なぜなら、その子どもは学んではいなかったのであり、準備ができていないからです。このことから、刑罰主義は違ったふうに考えることができます。〔しかし、罰するのでなければ〕子どもは正しく準備できていない時、このような誤りを矯正し、子どもが正しい準備ができるよう、なぜ正しい準備ができていないかを探求するという課題が生じます。

子どものライフスタイルが形成される時に役割を果たす様々な状況を吟味しました。このような〔ライフスタイルの〕形成は、母親との関係から始まります。そして、子どもの後の態度から、この関係を正しく形作ることができたか、見て取ることができます。子どものすべての器官の機能は、母親が子どもに関心を持たせるようにし、さらにその〔自分への〕関心を他の人へと広げていくことができるように、子どもが見、聞き、行動するようになることが、その目標となるでしょう。

次に起こる新しい状況は、きょうだいの誕生です。これは、子どもが〔他の人への〕十分な関心、共同体感覚を持っているか、あるいは、自分のことにしか関心がないかの試金石です。

さらに別の状況が起こります。保育園、あるいは、子どもが強く結びついていた両親の一方が長い間病気になり、その子どもに関われないという状況です。また、子どもが重い病気になって、安楽な状況へと置かれる場合もそうです。全快してしまうと、驚いたことに、もはや以前持っていたものを見出すことはできません。

さらに困難な状況は、例えば、甘やかされた子どもに養父か養母ができるか、あるいは、全く孤児になるという場合です。また、小さい頃は、いい暮らし向きで育ったにもかかわらず、後に両親が貧乏になり、もはや子どもに何も与えることができなくなったような場合があります。また、子どもが、親切な養父母や、やさしい祖父母のもとから親切でない養父母のところへきて、最後にもっとひどい扱いをする両親のもとへ帰ってくるというような〔環境の〕激変も非常に重要です。困難な状況に入った時にだけ、子どもの準備がどのようなものであるかが容易にわかるのです。

転校したり、教師が代わることも、子どもの人生において非常に重要な意味を持っています。一人の教師は友好的であるが、別の教師があまりに厳格であった時、学校で成功をおさめることも、特別に傑出することもできないということは、子どもたちによくあることです。一般に、友情や仲間関係、人間への関心の問題においては、共同体感覚がどれくらいのものか見ることができます。

後の人生においては、仕事、愛、結婚の問題があります。ここから、共同体感覚の程度を推し量ることができます。いかなる場合も、〔共同体感覚の〕イメージは人によって異なったものです。次のように問いたくなります。「なぜこの子どもは他の人に関心を持っていないのか？　なぜ共同体感覚を持っていないのか？」と。ここで私が述べていることは、鍵盤であり、ネットワークであること、〔したがって〕それを知るだけでは十分ではないということ、このネットワークを理解し、鍵盤で演奏することができる人がいなければならないということを特に強調したいと思います。

私たちはまた十分に準備できていない三つの子どものタイプについて知りました。この子どもたちは、大抵、共同体感覚を全く持っていないか、あるいは、持っているとしても、わずかしか持っていません。

1．劣等器官を持った子どもたち
2．甘やかされた子どもたち
3．憎まれた子どもたち

このような子どもたちは、他の人よりも自分のことに関心があります。敵国の中にいるかのように育ったからです。私たちは、既に最初の四歳か五歳で無意識化されたライフスタイルを知るために子どもたちがそれに沿って動く線を明らかにすることができる様々な手段を持っています。子どもの視線、身体の動き、あらゆる動きから、結論を引き出すことができます。例えば、針鼠のように身体を丸くして寝ている人がいるとすれば、あまりエネルギーと勇気を持っていないことがわかります。また、「注意しろ」という姿勢で寝ている人については、その人はいつも自分を大きく見せたいと思っているのであろう、と推測することができます。腹這いになって他の人に背を見せる人は、大抵、反抗的な子どもであり、反抗的な態度を示しているのです。このことは、不安と同様、このような子どもたちが、自分が劣っていると感じ、それゆえ、ほとんどいつも甘やかされた子どもであることを示すライフスタイルの部分でもあります。また、子どもが早期回想をどれほどしっかりと記憶に留めているかを確認することができました。これらの象形文字〔としての早期回想〕を理解できれば、子どもの本来的な生活様式から多くのことを推測することができます。子どもの家族の中での位置は、子どもたちを独自にまさに典型的に発達させます。子どもの職業の選択、空想、白昼夢、夢は、ライフスタイルに共感し、子どもをよりよく理解できるための手がかりを提供します。

「汝自身を知れ」ということが優れた教育の手段です。それによって、私たちは、〔ライフスタイルの〕誤りについて子どもに完全な理解を得させ、誤りを排除するのです。子どもがこれらの連関を理解すれば、人生において決心をするようになり、もはや以前と同じ子どもではなくなります。自らをコントロールし誤りを一歩一歩ゆっくり解体し始めます。これが「汝自身を知れ」の成果です。子どもを罰したり、非難することでは、このような成果には決して達することはできません。

共同体〔感覚〕の発達のプロセスは、どこから始まるでしょうか？　どの子どもにも、共同体感覚の発達の可能性が与えられています。このような共同体感覚は母親のもとで発達します。なぜなら、母親は子どもが結びつく最初の人であり、子どもが社会で出会う最初の「汝」だからです。母親は、子どもにとって信頼に値する仲間の模範でなければなりません。これは母親の最初の最も重要な働きです。母親の第二の働きは、既に先に言及したように、子どもを人生の課題に対する準備をさせ、子どもの関心を他の人とこの世の人生のすべてのものに対して広げることです。母親は、このような子どもの関心を父親やきょうだいに対しても呼び起こすことができなければなりません。皆さんは、子どもたちが既に四歳か五歳になると、子どもが正しい仲間になるか否かがおわかりになるでしょう。そのことによって、多くの誤りを予防し、教育困難に先手を打ち、神経症を予防し、犯罪へと導く失敗、自殺や売春や性的な犯罪などへ発展していくこと、また共同体感覚をほとんど持っていないか、あるいは全く持っておらず、他の人には正しく結びついていない人の失敗を阻止することができます。このような連関を正しく理解すれば、このような失敗の予防に対して人がほとんど何もしていないということ、しなければならないことがたくさん残っていることが初めてわかるでしょう。

　誤りを犯す人に、その誤りを洞察してもらうことは、容易なことではありません。例えば、教育困難な子どものライフスタイルの全体は、変えられることに抵抗します。ペスタロッチはいっています。「荒れた子どもを改心させようとするならば、必ず反抗し、困らせようとするだろう」。これは、無意識化されたライフスタイルの変えられたくないための防衛手段であり、機械のように〔変わることなく〕動き続けるでしょう。教育困難な子どもを治療したいと思うのであれば、多くの我慢と友情と隣人愛が必要です。子どもは、他の人に関心を持っている仲間を必要とします。このような〔他の人への〕関心を〔自分は〕理解していないとしても、感じることはできるのです。それと同じように、エゴイストの特性を持ち、いつも自分のことだけに関わり共感しない人を、子どもたちは感じ取るでしょう。どの人にも共同体感覚をかきたてたいと思うならば、母親の二つの働きを果たさなければなりません。私たちは、子どもたちの信頼を得、他の人へと関心を向けるという課題を持っているのです。関心を自分にだけ向ける、あるいは、この〔共同体への〕関心をかきたてないというような母親の誤りを繰り返してはならないのです。他には道はありません。なぜなら、共同体感覚を喚起することが、殊のほか重要なことだからです。

　共同体感覚は、人間の発達と密接に結びついています。共同体感覚を持っている子どもは、よく聞き、よく見ます。記憶力も成績もよく、友人や仲間を得る能力を持ち、よき協力者、仕事仲間であり、おそらく他の人よりも知力も優れています。なぜなら、共同体感覚によって他の人の目で正しく見て、他の人の耳で聞き、他の人の心で感じることができるからです。共同体感覚を十分持っている人は、活発に行動し、困難を克服し、よりよく訓練されていることを見ることができるでしょう。また、共同体感覚を持っている人は、学校や友だちのサークル、仕事において、重要な地位にいて、人生の課題を正しく解くことも見ることができます。

　しかし、〔共同体感覚を持っていない〕他の人には、何が起こるでしょうか？　そのような人が〔人生の〕有用な面で前面に立たないことは確かです。たとえ幸運が彼〔女〕らを前面に出すことがあったとしても、長く続くことはありません。彼〔女〕らは愛されることがなく、人生の三つの課題〔交友、仕事、愛の課題〕に失敗するでしょう。他の人に関心を持っておらず、十分訓練を積まなかったからです。これら三つの課題のすべてを解決するためには、共同体感覚へと導く以外に方法はありません。

　さらにいくつか教育困難な子どもたちのケースをあげ、私たち個人心理学者が、私たちのネットワークの力を借りてどのようにすれば子どもの特性、ライフスタイルを理解できるかを示したいと思います。

第十章　四つの症例

症例1

「基幹学校[1]二年生、十一歳の少女。母親の訴えは、いつもはおとなしい子どもが時折ひどく悪くなるということです」

子どもの精神生活には驚くべきことは何もないという前提から私たちは出発します。まず、この子どもが悪いふるまいをするようになった状況はどのようなものだろうか、と問わなくてはなりません。

「この子どもは、姉（十六ヶ月年上）が彼女のバスローブを借りようとし、衣装ケースから取ろうとした時に、非常に悪いふるまいをしたことが明らかになりました。その時、彼女は叫び暴れ姉を罵倒し始めましたが、このバスローブを姉が汚すかもしれない、と自分の行いを説明しました」

このようなケースは、家庭にはよくあることです。いつもはおとなしい子どもが暴れ始め叫ぶ時に、何が起こっているか、たずねなければなりません。これへの私たちの答えは、彼女が姉の前に彼女より強いものとして登場し、反抗しようとしても当然だということです。ここでは、姉の手に負えないようになろうという傾向を見ることができます。私たちは既に、二人のきょうだいは、組み合わされた枠組みの中で育つということを指摘しました。年下のきょうだいは年上のきょうだいと同等になりたいか、あるいは、追い越そうとします。それに対して、年上のきょうだいは、自分の地位を維持するか、あるいは、強化しようとするのです。

「姉は、妹を困らせ、自分より価値がないということが明らかになるような状況に妹を置こうとする傾向があります」

彼女は〔妹を〕試します。

「バスローブを取って、床に落とします」

社会に対して正しく準備できているかどうかがわかる状況です。ここで彼女は自分自身に多くの関心があることが示されています。妹が実際に自分は劣っていて、大声で叫ぶことでしか自分の立場を獲得できないと信じている、と仮定することができます。彼女はやむことのない強い劣等感を持っています。そこで何かの機会に闘いをしかけるのです。

「同じようなシーンが演じられる機会が他にもあります。着替えている時に、姉が部屋を通っていく時です」

妹は並外れて恥ずかしがりのように見えます。母親は、自分も恥ずかしいと思うので、〔その羞恥心のゆえに〕妹も恥ずかしがりである、と考えています。〔羞恥心があるので〕叫んだり、暴れたりするのだ、と推測しています。〔しかし〕私たちはそのようには考えません。この子どもは、劣等感を持っているので、このような羞恥心を持っている、と主張したいのです。

この二人の姉妹は、身体的には互いにどんな関係にあるのでしょうか？　母親の説明では、姉は際立って美しい少女だが、それに対して、妹はがっしりした体格で足が曲がり、ずんぐりしている、したがって、誰か客人が家を訪問した時、どうしても姉がいつもほめられ目立つことになってしまいます。妹はないがしろにされ、生まれつき不利に扱われている、と感じており、自分の短所が明らかになる状況に入っていくのを恐れています。

私は母親に、人生において美しいということはそれほど大きな役割を演じてはおらず、おそらく健康であることなどの方が、一層価値があるということを子どもに教えなければならないということを理解してもらいました。

学校を休みがちであるということは、学校が嫌いであるということです。学校にあまり心をひかれていませんでした。母親によると、最近次のようなことがありました。妹は、朝七時に起きて学校に行きたくはありませんでした。そこで、そのことを姉にいうと、それに対して姉はこう答えました。「それなら、起きてなんかこなくていいからね。一日中、家にいなさい！」。事実、彼女は学校に行きませんでした。そして十時までベッドの中にいました。〔休んだことの〕説明を求められて、答えました。姉が休むように勧めたので、家にいたのだ、と。おわかりのように、闘いは絶え間なく続きました。妹は、姉が悪い印象を持たれるようにどんな機会も利用しました。姉に引けを取らないということを目標に据えました。しかし、どうすればいいのでしょうか？ 学校では、うまくいきません。母親は、親がどちらかをひいきにしているということはない、といいます。しかし、姉の方が美しいので、誇りに思って見ており、妹はそのことで軽視されていると感じている、と私は思います。また、彼女は姉よりも不利な立場にいます。姉を叩くことができず、姉よりも優ることができる方法を何一つ見つけることができないのです。彼女に〔ライフスタイルの〕誤りを示さなければなりません。そして、傷つき劣っていると感じている人だけが叫ぶのであり、このように叫ぶことで他の人を押さえつけようとしているということを理解してもらわなければなりません。

私たちはこの子どものライフスタイルを見て、どこでこのような誤りがなされたかもわかります。母親は、この少女の関心を姉にまで広げることができなかったのです。それどころか、母親は、この子どもが母親に拠り所を見つけることにも成功しませんでした。母親は、いっています。「この子は、父親の方が好きなのです。私は少し無愛想なところがあるからです」。このようであれば、子どもの関心を得ることはできません。この子どもはどこで前面に立てばいいのでしょうか？　このような〔美しくない〕子どもたちが男の子であれば、美の問題はそれほど重要ではないでしょう。しかし、少女であり、育った家庭が裕福であり、成績は美しく見えることほどは重要ではなく、美という伝統的な理想が過大評価されているとすれば、子どもたちが苦しまなければならないのは、明らかなことです。

母親がさらに報告するところでは、妹には、友人が一人もいませんでした。無器用だったからですが、そのことは、彼女が身体的にも不格好であることに関係しているのかもしれません。彼女は友だちと親しくなることはありません。子どもたちが彼女を笑いものにするからであり、いうまでもなく、競争をする人のように、非常に傷つきやすいからです。ここでも彼女の共同体感覚は、発達しません。いい点数を取れず、何一つ満足に成し遂げることができないので、教師ともうまくいきません。実際、この子どもの可能性はほとんどありません。しかし、それでも、学校での道を彼女は歩けないとは私は思いません。それは通行可能でありしっかりした道です。

彼女は服従することができません。母親が彼女に何かを命じると、言下に答えます。「お母さんが私に何かをするように命じたら、私はそれができない」。彼女は、何でも自分の力でして、他の人が命じることはしないということで目立ちたいと思っているのです。

この子どもが夜寝ようとしないと聞いても驚くことはありません。両親は、妹を姉よりも早く寝させるようにしました。〔しかし〕妹は、それは不公平であるとして、姉が起きていていいのなら、私も寝ない、といいました。姉は、それに対して、妹は早く寝なければならない、と主張して譲りませんでした。非常に苦労してようやく寝ようと決心しても、競争はベッドでもさらに続きます。子どもたちは本を読み、それぞれのベッドで電気をつけっぱなしにします。母親は部屋に入ってきて、もう遅いよ、と注意を促します。そして、妹の枕許の電気を消しますが、その際、姉は本を読んでいてもいいが、「あなたは駄目よ」といいます。ここでまたもや彼女は〔権利を〕制限された、と感じるということになります。

彼女はいつも母親に対して強いものとして立ち向かうことができる弱点を探し出そうとしています。〔そこで〕食事をする時に大いに困らせます。母親は、少なくとも食事の時は、他の人よりも彼女のために専念しなければなりません。

私は母親に彼女の勇気はどのようであるか、たずねました。親は、大抵、この問いを正しく理解しません。母親は、彼女は、絶え間なく〔姉を〕見張っていて、いつも姉と一緒にいる、と私にいいました。その上、母親が出かける時にはメイドを置いていきます。一人でいるのは好きか、それとも恐がるかという問いに対して、「あの子はいつも誰かに近くにいてほしいと思っています」と答えました。

この子どもは、いつも緊張しているでしょう。例えば、水泳を学ぶ時にも難儀し、水泳の教師を信頼しないでしょう。なぜなら、そこでも敵国にいるかのように感じるからです。このような子どもたちが一人で泳げるようになれば、危険がないと見える状況にいる、と感じることができます。

この子どもの治療に関しては、次のようにいうことができます。この子どもは敵になり、仲間にはならないという危険があります。彼女は、人生は闘いである、と見ています。このような闘いの中では、「上」であるか、「槌になるか、鉄床になるか」が重要です。即ち、槌でなければ、鉄床であるしかないのです。彼女は、鉄床にはなりたくありません。彼女には、人生においては、人が互いに行う闘いを通じてよりは、共同体感覚を通じての方が、より多くのことが生じ進歩するということを明らかにしなければなりません。

また、姉の後を追っていくことができず、それゆえ、前を走る人である姉にいつか打撃を加えようと思っているのであれば、そのような彼女の誤りのすべてがどこから由来するのかを示し、その誤りを明らかにしなければなりません。彼女はこの競争の中でいつも緊張しています。それゆえ、学校でよい成績をおさめることができず、友だちもできないのです。私たちの課題は、母親の機能を行使し、子どもが私たちを信頼するようにし、関心を他の人へと広げることになるでしょう。彼女が友情を結べるよう援助しなければなりません。彼女が学校で優れた生徒であり、学校で目立っていることで前面に立てるように援助できれば、そのことは非常に重要なことになるでしょう。

何になりたいのかという問いに対しては、「私は父の会社で働きます」と答えています。彼女は父親のようになりたいのです。この発言から、あまり女性的にならないでおこうとする傾向を見ることができます。父親は電気工学部品の会社を持っています。姉は何になりたいのか、と聞くと、母親は答えました。「ああ、あの子はそんなことには興味を持っていないわ！」。おそらく姉は、結婚し、主婦になるでしょう。そして、そのことはひとりでに起こり、目標を定める必要はない、と信じています。ここにも大きな違いを見ることができます。これは、意識した思考過程ではなく、自然に、困難を排除することで生じるものです。それに対して、妹の方は、自分は決して誰にも気に入られない、と感じているので、それゆえ「父親の」仕事を選ぶのです。

私に正しいと見える道は、この子どもを学校で進歩するようにすることです。そのことは、彼女をもっと鼓舞し、勇気づけ、活動性と楽観主義を与える技術を手に入れることができれば、必ず実行できます。このような子どもを共同体の人にしなければなりません。そのような人は、いつも抑圧されて緊張しているわけではなく、すべてのものが自分に属しているものと見て、幸福で、自分の国にいるように感じ、敵国にいるかのように育つことはありません。

症例2

「私には七歳と九歳の二人の子どもがいます。下の子どもの勉強に関してははっきりとは判断できません。なぜなら、やっと一年生になるのですから」

兄と弟の二人の子どもがいます。一つの家族の子どもは、皆、異なった状況の中で育ちます。二人が同じ状況の中で育つと仮定することはできません。兄は、第一子が皆そうであるように、〔最初の〕二年は一人で、注目の中心にいて甘やかされました。家族のすべては意のままになります。〔ところが〕突然第二子が生まれると、状況はすっかり変わります。彼はあらゆるものを支配者のように自分の意のままにできることに慣れてきました。〔しかし〕突然、第二子の方に母親の注目は向いてしまいます。もはや以前のように第一子に対してあまり多くの時間を割くことができません。そして、このような子どもを第二子の誕生に対して準備することは容易ではなく、事実、正しく準備できていないことを見ることになります。難しい試験の前に立たされるのです。多くの人は嫉妬を抑えきれず、親を自分の方へ引き寄せ、以前の有利な状況を回復するために激しい闘いを始めます。

第二子の置かれる状況は、これとは全く違うものです。決して一人ではないからです。前にいる人がいます。その人の後を追って走っていくことができ、追いつこうとすることもあります。ある子どもがかつてこのようにいいました。「僕は兄と決して同じ年になることができないので悲しい」（エサウとヤコブ[2]）。

第一子は、第二子の誕生によって悲劇を体験します。第一子が、第二子が後からついてきて手に負えなくなるのではないか、といつも恐れ、また、希望を失ったと聞けば、それは、第一子が無意識のうちに社会的ではなくなったことの結果であり、彼〔女〕の心に刻まれた次のような意味の銘文の結果である、と理解できます。「突然、他の人がやって来て、何もかも横取りする」。子どもたちの態度は、様々でしょう。それは①このような子どもたちのライフスタイルが、どれほどまでに完成しているか、それを矯正することは容易か、あるいは困難か、②第二子がどんな態度を取っているか、③両親の態度はどうか、④両親はどのように第一子に準備をさせたか、どのように彼の共同体感覚を他の人へ広げたかによって異なります。これらは私たちが考慮しなければならない重要な事実です。

さて、今度は、この子どもがどんなふうに育ったか、聞くでしょう。

「それに反して、兄は、私の考えでは、勉強を学ぶのが遅いです」

これは、ためらう態度です。彼は先へ進んでいけるとは信じておらず、勇気を失ったのだ、と推論することができます。彼はこう考えています。〔人生の〕有用な面をもはや行くことはできない、と。有用でない面で認められようとする努力をするでしょう。

怠惰は、教育者にとっては、次のようなことを意味します。「この〔怠惰な〕子どもは、私が関わらざるをえない」。この子どもは変わった仕方で彼の求めていたことを達成しました。即ち、自分により多くの注目を向けさせること、他の人が自分に関わるようにさせるということによってです。勉強を怠けることは、課題の解決からは程遠く、ためらいの動きです。怠け者の子どもたちの無意識化されたライフスタイルを観察すれば、信じられるのは、子どもの行動ではないということがおわかりになるでしょう。そのような子どもたちは、しばしば、こんなふうにいいます。「他の人よりも頭が悪いとは思わない。でもそのことには関心がない」と。成功することを期待していれば、怠けたりはしないでしょう。怠惰は、低い自己評価の表れです。しかし、怠惰においても、認められたいという努力はあるのです。怠惰な子どもは、大抵、関心の中心にいます。他の人に一生懸命にならざるをえない課題を与えます。この子どもに関わらなければならないのです。怠惰な子どもが、なぜ怠惰なのか、とたずねられて、次のように答えたとしても驚いてはなりません。「いい、だって僕はクラスで一番怠け者なんだ。でも、いつも僕のことに関わってくれるし、よくしてくれて、愛してくれる。隣の席の友だちは、大変勤勉だよ。でも彼のことには誰も気にかけてないよ」。彼は、怠惰であることの利点を〈楽しんで〉いるのです。自分がどれほどお金を持っているかをいつも考えているわけではなく、持っているというだけで十分である金持ちのようです。

怠惰な子どもは、ちょっとしたことでも成し遂げると、すぐにほめられます。〔他方〕何かを成し遂げることができなければ、こういわれるのです。「お前が怠け者でさえなければ、一番になれるのに」。このような怠惰な子どもが、一番になることが〈できる〉という感覚に満足できるというのは驚くべきです。そのような子どもは、試験を受けようとはしません。ここにも、人生の有用でない面における優越性の追求が示されています。

「あらゆる訓戒は、優しいものであれ、厳しいものであれ、今まで何の効果もありませんでした」

この子どもは自分の中で何が起こっているか知りません。自分のライフスタイルにしたがって行動しているのです。わなにはまっているようなものです。厳しく注意されるということは、まさに注目の中心にいたいということの兆候でしかありません。それどころか、多くの子どもたちは、叩かれるのが好きなのです。父親を怒らせたということで、勝利感を得るのです。多くの子どもたちは、叩かれることに、楽しみや喜びを見出します。性的な意味を持つこともあります（ルソー[3]）。

「彼は、もっと頑張る、と約束だけはいつもしますが……」

「やる！」とはいうのです。

「……でも、そうしようとはしません。宿題をする時、彼はあらゆる人やものによって、注意をそらされてしまいます」

宿題をすることでは認められるとは信じていないのです。〔認められるための〕他の手段を知っています。

「他のことには何でも興味がありますが、宿題には興味がありません。勉強が楽になるように、私は、毎晩、昼間学校で習ったことを報告するように命じました」

ここでも彼が前面にいるのがわかります。彼は毎晩、自分より力がある父親と話をします。

「私が夕方家に帰っても、約束を守るために報告するということはありませんでした」

父親は、彼に自分でそのことを思い出してもらわなければなりません。

「直接たずねると初めて答えました。『なぜ勉強しないんだね？』と私がたずねると、『わからない』と答えました」

私たちは知っています。彼は、勉強では認められない、と信じているのです。私たちは彼を勇気づけ、課題においても正しい方法を見つけさえすれば、前面に立つことができるという可能性を示さなければなりません。

「国語、算数、また書き方は、彼が最も不得意とするところで、最も憎んでいる科目です」

おそらく彼の強い劣等感を構成するのは、彼が左利きであるということです。このことには大きな影響力があります。計算がうまくできない人は、甘やかされ、支えとなる人を求める子どもであるということに注目してください。どんな学科でも〔他の人が援助することで〕楽になるということがあります。しかし、算数にはそういうことはなく、自力で取り組み、考えなければなりません。甘やかされた子どもたちは、大抵、算数に十分準備されていないのです。

「このような科目をこの子どもが本当に嫌であるということは、彼が課題に取り組む時にいやいやであることからわかります。理科に関心を持っているかもしれません。絵を描くことも好きですが、才能がないのは明らかなので、下手な漫画しか描きません」

おそらく、彼は左利きです！

「よく何時間でもすわったり横になったりして、空を見つめています」

自己評価の低いこのような子どもたちの最大の敵は、時間です。この子どもは、時間が過ぎ去るように、空を見つめるという方法を見つけ出しました。

「彼はたくさんの本を読まなければならないのに、そして既にたくさんの本を読み始めたのに、ほとんど一冊も読み通してはいません」

忍耐心も不屈さもありません！　本を読んでいる時は、誰も彼のことをかまったりはしません。何も他の人から期待することはできないのです。

「彼は玩具を欲しがりますが、すぐに飽きてしまって放ってしまいます」

この子どもの、あるいは、二人のきょうだいの社会的な状況は、空腹に苦しむ必要はないけれども、決して恵まれたものではありません。

「この子どもたちの人生における最も悲しいことは、昼間、児童保育所に預けられることでしょう」

これは大胆な発言です。ここで正しい観点が把握され、子どもが勇気づけられることを希望します。

「この保育所の園長は、私の上の子どもに個人的な恨みを持っています。彼女は聖職者であり、私たちは無宗派だからです。彼女は、私に、うちの子どもは嘘をいい、ずる賢く、意気地がない、といいます。そして、それというのも、無宗派で育てられたからだ、といいます」

私たちは、このような性質が、希望を失ったことの表れであるということを疑いません。このような教会の保育園にいる無宗派の子どもが改心するのは、勇気づけられた時だけであるということも認めなければなりません。園長が、無宗派で育てられたのでそのようであるというのであれば、〔子どもの〕弱点を探し出すための正しい理解をほとんど持っていないでしょう。父親はいいます。

「打ち明けていえば、私は、これらすべての性質を、上の子どもの中に認めてきたのです。弟がこのような悪い性質を持っておらず、あらゆるところで何ごとでも愛している、とか、いい子だ、と繰り返しいってきた〈一方で〉、兄については、ありとあらゆる悪いことをいいました」

「一方で」という言葉は、次に続くことを示しています。兄は弟によって背景に押しやられたということです。兄が悪いことに向かい、弟が善いことに向かうのは、偶然のことでしょうか？　決してそうではありません。兄は弟に以前の好ましい状況から追い出された、と信じています。友情と愛を失えば失うほど、勇気をも失うのです。〔他方〕今は勝利者である第二子は、快適な状況にいる、と感じています。望ましくないことで注目を得る必要はないのです。

症例3

「以下にあげるのは、私の観察した生徒のベラ・Kの様子です。休み時間に、初めのうちは、彼はしばしば騒ぎの中心人物でした。通常、この騒ぎは次のように展開しました。夢想にふけっているかのように、あちらこちらを歩き回りました。そこで、彼の同級生は、彼をからかおうという気になりました。当然のことながら、最後には、争いと殴り合いになりました」

夢想にふけっているかのようにあちらこちらを歩き回るというこの観察が正しいとすれば、このことは、彼は学校では集中できず、学校は何か自分にはよそよそしいものに思え、他のことを考え、学校でくつろいではいないことを態度で示そうとしているのは確かです。

自分たちの中に、共同体の精神にのっとって生きたり、協力したり[4]、共同して何かをしようとはしないような誰かがいる時に、そのような子どもをなぶり者として選び出して、からかって迫害し悩ますということは、いつも子どもたちの興味をそそることであることを見逃してはなりません。これは、大抵、行きすぎることになり、正しい態度ではない、と私たちは考えています。共同体の中には、それについて意識することがなくても、ゲームの規則があるということを絶え間なく理解させたい、と思われるでしょう。

子どもは共同体の人としての役割から外れることで、注目を集めます。甘やかされた子どもが、学校で同級生には愛されないというのは本当です。いつもからかわれ、あまりに子どもっぽい、自立していない、などと思われます。学校においても既に、子どもたちの間では、共同体を求め、結びつきを示す何かが働いているのが見られます。これは見逃すことのできない、絶対的で、事実存在する力です。ここに既にそれぞれの人を統合させ、それぞれの人の共同体感覚を生き生きとしたものにする強制力があります。これは共同体感覚が個人のうちにも集団のうちにも存在しているという事実を示し、集団が個人の共同体感覚よりも、この〔集団の〕共同体感覚の方をより強く前面に置くということを示しています。次のようなことが、集団心理学的な事実として説明され、容易に理解されます。即ち、集団の中で何かが展開し、何かをしようというような欲求が表される時は、人は心を奪われ、自分自身の優越性は後ろへと退き、したがって、集団の中にいる時は、一人で行動しなければならない時とは、違った仕方で行動をすることがあるということです。

共同体が形成される時、そのことが実際には何を意味するのかを学校においてしばしば見ることができます。そのことである秩序がクラスの中に生じるということがありますが、しかしその秩序は必ずしも私たちの共同体が要求することとは一致しません。そのようなクラスが、かなり誤ったことを行う共同体になるということもあります。誰かが共同体の精神に反して行動する時、そのことがタブーであることは理解できます。一般に、誰かが他の人を訴えることはタブーです。子どもたちは、教師に対して助力することは義務であるなどとは決していいません。しかしそれでもそのことが自分の義務である、と感じています。このような義務を果たさない人は、愛されず、共同体から締め出されることになります。そこで、適応することができず、夢想に耽っているかのように歩き回ったこの子どもの立場も理解することができます。

ここで、さらに次のような結論を引き出すことができます。①学校に適応できない子どもは、たしかに学校に必要な共同体感覚と他の人への関心を持っておらず、このような共同体感覚の欠如は、概念的になお証明しなければならない次のこと、即ち、この子どもは、安心感、暖かさ、愛を見出す好ましい状況を求める甘やかされた子どもであるということを前提とした時、よりよく理解できるということ。②そうはいっても、子どもが喧嘩に加わるということは、全く勇気をくじかれているわけではないことを示しているということです。

殴ることは、一般に、タブーです。しかし、私たちにとっては、それはよい兆候であり、夢想にふけっているかのように歩き回ることが観察されるのと同様に重要なものです。それは、その子どもが全く勇気をなくしたわけではないということを示しているのです。

「ところが数ヶ月来、このような出来事はまれになりました」

これは、彼が適応し始めているということを示しているのでしょう。適応しようとしているということ、ただしそのことは容易なことではないので、そのためには時間がいるという結論を引き出すことができます。

「その生徒は、仲間うちでかなり孤独です」

これは私たちにとって目新しいことではありません。自明のこととして推論できたでしょう。

「授業中、授業に集中できないことが、私の注目を引きました」

私たちは既に彼の統一のあるライフスタイルを理解したと信じているので、集中力を欠いていることはもはや私たちの注目を引きません。確かなことだと思います。彼に集中力を要求することはできません。彼の集中力は、どうしたら外へ出ていけるかということに向けられています。彼をこのように考えないようにさせたとしても、他のことにはきっと集中できないでしょう。

「私が努力したにもかかわらず、よく爪を噛みます。このことに熱中しています」

これは反抗の現象です[5]。反抗的であるということを確認できるのであれば、先に見たように、彼がまだ完全に勇気を失っていないということと一致しています。反抗すること、つまり、殴ったり、爪を噛むことに向かうのです。爪を噛むことや、鼻をほじくること、食事をがつがつ食べることも、反抗であることをうかがわせるといいたいのです。このような主張は、事情に通じていない人には大胆に思えるでしょう。このような子どもは皆、何百回もそれをしてはいけない、といわれます。しかし禁止されているにもかかわらず（trotz）、それをしているとすれば反抗（Trotz）しているのであるという推論は完全に正しいといえます。文化に適応し、協力するということが、彼には欠けています。〔しかし〕驚くべきことではありません。なぜなら、私たちは、この子どもが遊びに加わらないということ、共同体の文化に同化することには全く関心がないことを知っているからです。彼と人生や文化の要求の間には、大きな距離が生じます。この距離をいつも認めることができます。爪を噛むことは比較的よい兆候です。なぜなら彼は反抗的で、おそらく全く勇気を失ったわけではないからです。

「あるいは、彼は手元にあるもの[6]で遊びます」

これは私たちにとっては自明のことで、彼と学校の課題の間に存在している距離を示しています。彼は学校のものでは遊ばず、学校の宿題もせず、それ以外のものである他のすべてのもので遊びます。

「時々、もちろんめったにないことなのですが、国民学校から一緒だった同級生たちとしゃべります。しかし、他の子どもとはしゃべりません」

ここでも新しい状況に適応する困難があります。彼に時間のゆとりを与えれば、部分的にはうまくいきますが、何かをすぐにするように要求し期待されると、準備ができていないのがわかります。

彼のおしゃべりは、それだけで私たちには長所に見えます。そこで、私たちが時折学校の規律と呼ばれるものと矛盾することがおわかりでしょう。私たちの理解は正当です。学校の規律は個人を理解していませんが、私たちは個人を理解しています。私たちは、喫煙、爪を噛むことはよい兆候であり、彼がおしゃべりをすることをある意味で彼の長所である、と見なすのです。

「何かを書かなければならないのに、命令を理解しなかったようにすわっています」

これも驚くことではありません。なぜなら話をよく聞いていないからです。聞くということも、見ることと同様、〔他の人と〕結びつくということです。〔しかし〕子どもは結びつこうとはせず、学校の出来事に関心を持ちません。彼は、彼の興味をそそり、よく訓練されている快適な状況を望みます。人生と彼の将来の価値とも大きな距離があります。

「しかし私が観察したところ、意図的な反抗を仮定することはできません」

私たちも意図的な反抗を仮定することはできません。しかし、彼のライフスタイルは、遊ぶことや協力することを可能にするものではありません。このライフスタイルを変えなければならないのであって、ライフスタイルの末裔を罰したり、叱ったりしてはならないことはおわかりでしょう。

「本やノートを忘れることは、おそらく、家庭での努力の結果、稀になったように思えます」

「授業中の受け答えは、少なくとも中学校の要求に対応するために十分な記憶力、理解力、想像力を自由に使える、と安心して主張できるものです」

彼がライフスタイルにしたがって知的にふるまっているということがわかります。準備できていない何かを彼に期待する場合は、そのことを行うことはできません。〔しかし〕そのことは、彼の知性を疑う根拠とはなりません。

「特に私がこのような判断をするのは、正書法は別にして、いつも真ん中より上の成績であるドイツ語の作文を根拠にしています」

このことについても、私たちの根拠を引き出すことができると思います。彼は甘やかされた子どもなので、「一人で」教科（作文）に取り組む時は、夢中になり、彼を甘やかす家庭環境で行ったのと同じようにしたので、出来事について語ったり説明することができたのです。そして、自分を適切に表現できることに慣れており、強い印象を与える家庭環境で生きていた、と推論することができます。

早い時期に家庭環境で自分の思いを表現し、自分のことを説明することに慣れていない子どももいます。そのような子どもは、当然、作文に対してあまりよく準備されておらず、それゆえ、あまり才能がありません。そのような子どもたちは、私たちがおそらくこの子どもに推測できるような訓練を受けてはいません。〔他方〕彼は家ではたしかに作文を書いたりはしませんでしたが、訓練を受けています。それがどのような仕方であったかを推測するのは容易ではありませんが、家で話すことで、物事を順序立てて話すなどの訓練をしたのです。このような学校の教科への準備は、個人心理学においては、殊のほか重要な観点です。

〔しかし〕実のところ、私たちは、子どもが学校でよりよい成績を示すためにはどんな訓練をすればいいのかまだ知らないということを告白しなければなりません。人生における業績への準備であるとは認められない、子どもの関心のどこかで訓練は行われます。甘やかされた子どもの訓練がどのように行われるかを思い出せば、このように訓練されることで、後に孤立したり、あるいは、人間嫌いになるということ、また、このことは彼〔女〕らが子ども時代に仲間との関係、友情、社会からいつも離れ、そのため共同体感覚を目覚めさせずに、人間嫌いとしての役割を演じたことの結果であるということは、誰にでも明らかになるというわけではないでしょう。

ここに探求しなければならない計り知れない領域があります。どのようにして優れた子どもや大人、失敗した人が訓練したかということです。子どもたちが習熟する方法は数多くあります。しかも誰も自分の優れた業績がどこから由来するのか後にならなくてはわかりません。これが才能の先入見に対して攻撃される点です。よく訓練された子どもたちは、皆、後になって、当然のことながら、先入見のために、才能がある、と見えます。それに対して訓練が十分でなかったか、訓練がよくなかった子どもたちは才能がない、と見なされます。

「ところで、正書法は、入学試験や学期の始めと比べて、明らかに改善が見られました」

正書法もかなり不可解な領域です。なぜ正書法で、ある時は下手に、ある時は上手に書く子どもがいるかは、私たちもよくはわかっていません。個人心理学は、一つの観点を適切に強調しました。他の根拠は別として、事情は、子どもが視覚タイプか、聴覚タイプかによっているという観点です。おそらく、視覚タイプの子どもたちは、起こったことをよく記憶し、それに対して関心を持っています。聴覚タイプの子どもは、起こったことを聞いたように書きます。

「今日は、ラテン語には、完全な理解を示す答えを出すかと思えば、次の日は、同じような問いで完全に失敗します」

これは、彼が学校では集中しておらず、ある時は機嫌がよく、ある時は機嫌が悪いということを示しています。おそらくある時は友好的に質問されるが、ある時は非友好的に質問されるのです。〔そして彼の方も〕ある時は落ち込んだ気分で、ある時はそうではありません。このような違いが多くのことを説明するので、調べられなければなりません。

「それから彼はしばしば私と彼、もしくは同級生と彼が精神的に結びつくことは不可能であるかのような印象を与えます」

このような印象は全く正当なものです。このような結びつき、〈協力〉に対して準備できていないということから説明がつきます。

「最近、彼は失敗した時、ひどく抑圧されている、と感じることがしばしばあります。そして失敗が明らかになる時には、激しく泣きます」

　このように泣くことは、次の二面から理解することができます。①彼が泣くのは、いわばわなにかかっており、思いやりをもって暖かく親切に扱われたい子どもであり、これらすべての失敗と罰、さらに悪い点を彼は他の人よりも強く受け止めるということの結果である。②この子どもが泣くことの訓練を受けているのは明らかである。なぜなら、印象づけるために泣くことが有効な手段となりうるような人の間で育ったからです。泣くことは彼の武器となりました。それを使って他の人をほろりとさせることに成功するのです。水（涙）の力！

「年を追うごとに著しく悪化した吃音も、当然非常に重荷になりました」

　ここで、突然、彼が、目と耳とだけではなく、話すことでも結びつこうとしていないことを聞きます。吃音は、彼が彼に課せられている結びつきを確立しようとしないということを意味しています。なぜなら、彼はそのことに適していないライフスタイルを持っているからです。私たちは、彼のあらゆる兆候を、隠喩の意味で吃音と見なすことができるでしょう。彼が吃音になるのは、関係を作るべき時に、また、正書法にしたがって書かなければならない時、ラテン語の課題をする時です。これらの現象のすべては、吃音の比喩でまとめることができます。この吃音が年を追うごとに著しく悪化したということは、私たちにとって重要なことです。そのことは、彼が学校での結びつきを強化しなかったばかりではなく、それどころか、弱めたということ、そして、学校の課題から大きな距離を取りたいと思っているということを示しています。また、彼が学校で知りながら、あるいは、知らずに用いている方法は、適切なものではないことを示しています。

以上のことの原因を教師が何に帰するのか、どのように対処するか迷っていることは、結びの言葉が示しています。

「子どもは九月から丈夫になりましたが、ひどく痩せてしまいました」

教師は、ここには肉体的な理由が絡んでいる、と考えているように見えます。もちろん、この解釈を斥けなければなりません。このような場合何をしなければならなかったか、想像してみましょう。この子どもは、教師、仲間、課題に対する正しくない態度について明らかにされるべきです。それを正しくない態度と認めていない限り、彼はいつも「皆が僕に要求することは、難しすぎる」と感じることになります。彼が自分は他の人と同じことはできない、と信じるとすれば、そのことは彼の成長にとって計り知れないほど大きな損害です。彼がこのことができないのは、ただ彼が結びつくすべを心得ておらず、このように自分を〔他の人と〕結びつけることをせず、準備を整えず、集中していないからです。このような解明をする仕事は、まず第一に、子どもの誤った態度を変えるに違いありません。学校で成功することは、教師や同級生、学校の教科と結びつき、すべてのことが自分にはよそよそしいものであり、自分とは関係のないことであるというような態度を取らないことで初めて可能になる、と示さなければなりません。友人ができることは、彼にとっていいことでしょう。教師の勇気づけが、この場合、大いにこのことに貢献するでしょう。

以上の報告が私たちには何も情報を与えない問いがあります。即ち、この子どものこれらすべてのことがどうしてこのようなことになったかということです。私たちは、経験に基づいて、彼は甘やかされた子どもであった、と解釈します。そして、実際、彼が一人っ子であったことが、母親との話から確認できました。一人っ子の場合、甘やかされたので、他の人と関係を結ぶことができなくなったということ、このように甘やかされた結果、他のすべての状況を不快なもの、困難なものと感じるということがしばしばあります。彼〔女〕らは、このような以前の体験や生活方法の枠から外れた課題の前に立った時、危険を前にしているかのように感じます。暖かい環境から出てきて、頭の上にダモクレスの剣[7]が吊るされているかのようです。甘やかされた子どもたちが困難な状況に入る時、先へ進もうとしないことは、容易に理解できます。

吃音は、非常にしばしば、このような子どもたちがあまりに甘やかされたので、心の準備ができていない出来事に続いて起こります。私は吃音になった子どもで、少なくとも人生の最初の何年かに甘やかされなかった子どもをまだ一人も見たことがありません。これは以前は誤解されていた体験です。その意味が、過大評価されたか、あるいは、過小評価されていたのです。例えば、何かの出来事の後で吃音が始まる、と聞くことがあります。人は〔吃音を〕その出来事のせいにしたり、皮肉っぽく笑います。なぜなら、吃音は、神経の中で起こる誤った事象の結果である、と見なされるからです。しかし、このような出来事がふりかかったのは、人生の困難に対して何の理解も持たず、いつも甘やかす人の保護のもとにあるような子どもであるということを考慮する時、この子どもが、この場合、他の子どもとどれほど違った反応をするかがわかります。子どもが聖ニコラウス（サンタクロース）と目があったり、あるいは、クランプス[8]に大変驚いて、それ以来、吃音が始まったという話もよく聞きます。あるいは、家庭教師についたが、その先生と結びつこうとせず、平手打ちをくらいます。このことは、多くの人には筋が通ったことに思えますが、その子どもにはそうは思えず、それ以来、吃音が始まったという話を聞きます。

吃音には器質的な根拠はありません。そのことは、吃音の人が、一人の時、独り言をいう時には、大抵、吃音になったりはしないということからわかります。吃音になるのは、もう一人の人が現れた時だけなのです。彼〔女〕らは、危険と困難でしかない敵国の中にいるかのように生きています。私たちが知っているように、これが甘やかされた子どもたちの際立った特色なのです。

症例4

「ロッテは九歳と九ヶ月。疲れやすく、頭痛を訴え、心臓が弱い。診療所で診たところ、器質的には健康で、すべてはただ〈神経的〉なものです」

これは、〈ただ〉神経的である、とはよくいわれるいい方です。〔しかし〕このように〈ただ〉といわれると、患者はひどく怒ります。上の報告を事実と受け入れれば、この状態は、大きな内的緊張の結果であり、ロッテはそれを積極的には克服しておらず、一種希望を失った状態にいる、と仮定することができます。自分の目標を達成できる、と信じている限り、このような緊張は決して起こらないからであり、疲労状態を認めることはできないからです。

「子どもを教育する祖母は、この訴えにはできるだけ注目しないようにという助言を守っています」

これは場合によってはうまくいきますが、そうでもないことがあり、ある医師たちが信じているように、万能薬ではありません。いずれにせよ、子どもの態度を変えることはありません。子どもは違った状況を創り出すことができ、それに対して子どもは自分のライフスタイルで態度決定をしますが、パーソナリティが変わることはありません。

「祖母はどうやらそのようにしているようですが、あまりに疲れているので、子どもを昼間学校へ行かせることができないことがよくあります」

いずれにせよ、子どもはこのことから、緊張することで、自分の上に重荷としてかかっている、と感じている学校に行かなければならないということを感じないことに成功しています。この子どもは、例えば、学校に行くのが好きではないというような結論を引き出すことはできません。おそらく、学校に行くことに特別の目的を結びつけているのです。ロッテは、まさに学校に関係した緊張の中にあると聞いているので、おそらくまさにこの方向で何かを達成しようとしているのでしょう。彼女は学校で希望がないというわけではなく、努力はしているけれども、自分の行いに自信を持っていないのです。この子どもは非常に野心があるかのように見えます。しかし、自分の野心の目標を達成できない、と思っているのです。

ここに〔私たちの解釈の〕確証があります。

「ロッテは大変喜んで学校へ行きます。そして必要以上に一生懸命勉強します」

必要以上に彼女が勉強するという事実が、彼女の態度はある自信のなさを表現したものであるという私たちの解釈を完全に証明しています。何か大きなことをしたいのですが、無理な努力をした時にだけ、そうすることができる、と信じているのです。

「特に教師を喜ばすために、彼女は過度の努力をします」

私たちの視野を広げることができます。この子どもが誰かに引き寄せられている、と感じ、誰かと友好的になろうとする時、まさにその時目立ってその人に印象づける傾向があります。このことは、人間の本性に反してはいません。〔しかし〕彼女は最良の印象を与えることができるという自信がないので、彼女の努力は必死のものになります。それゆえ、彼女は疲れ果てた、と感じ、この疲労感は、様々な身体の現象、例えば、心臓の痛み、けだるさとなって現れるのです。

　頭痛についてはまだ十分説明されていません。しかし、このような場合に、頭痛が現れることは知られています。頭痛が起こるのは、過度の野心の結果であるということを強調するだけではなく、このような緊張がどのようにして頭痛となるのかも知りたいと思います。怒ると頭痛がする人がたくさんいるということを思い出せば、私たちは頭痛について十分認識していませんが、おそらく少しは認識できるようになるでしょう。激情は、血液の循環、またおそらく血液像も変化させ、そのことは多くの人の場合、外からも認めることができます。例えば、青ざめたり、静脈が太く浮いて見えます。このことから、このような循環障害は髄膜〔液〕にも現れ、そこでこのような循環障害のために刺激状態が生じる時、頭痛は後遺症状であると考えればよくわかる、と推論することができます。気分の状態や緊張状態が循環に影響を与えるということは、ここで心臓衰弱と表され、心悸亢進として現れる現象から発しています。おそらく、この子どもが自信がない、と感じる時、どこか怒りに近い情動が現れるのです。

「最近ますますわっと泣き出すことで、取るに足らない機会に家族、一歳半ほど年上の兄と母親を思い通りに支配するようになりました」

　家族生活の中で涙は、他の人の手に負えなくなるための優れた手段である、と感じています。涙を使って全く有益でない道で認められようと努力しています。実質的な価値を達成していなくても、優れていると感じることが重要なのです。

「彼女は一人でいようとはしません」

彼女は、明らかに甘やかされた子どもです。祖母が彼女を見ているということから、この事情には気がつきました。彼女が祖母のところにいる、と聞けば、そのことから既にしばしば〔甘やかされた子どもであるという〕結論を導き出すことができます。〔しかし〕それ以上のことを意味しています。一人でいようとはしないことで、まだすべてのことが表現されているわけではないからです。緊張状態があるのでしょう。このことについては、既に以前聞いた通りです。それは不安や恐れとして現れるでしょう。それはまたしてもこの子どもの自信のなさを示しています。誰かが自分のためにいてくれる時にだけ、自分が認められている、と感じるのです。

「新聞で読んだ殺人事件が彼女を興奮させ、祖母が彼女を夜一人で放っておけないほどです」

これは、一人で放っておかれてはいけない、と結論できるような事実を蜜蜂のような勤勉さで集め大切にしまうという子どもにも大人にもよく見られる現象です。たとえ殺人事件がなくても、何か別のことがあったでしょう。このような事実を発見することは、困難なことではありません。

「もはや一人では泳ぎに行こうとはしないでしょう」

水泳を学ぶことが困難であることは、ほとんどいつも甘やかされた子どもに見られることです。甘やかされた子どもたちは、水泳をしたくはありません。泳ぐ時は自分自身を頼りにしなければなりませんが、いつも他の誰かに支えられてきた子どもは自分を頼りにすることを学んでこなかったということを考慮すれば、このことは、非常によくわかります。

「散歩に行かなければならない時よく大騒ぎをします。〔しかし〕家にいるのが、一番好きです」

ここにも、彼女が自分の行動範囲をできるだけ小さなものにしたいということを示している態度があります。このようにふるまう時こういうでしょう。「私は、あなたがたが私に背負わせるどんな課題にも弱すぎる」。いつもあらゆる人に優ろうとするでしょう。それゆえ、課題は彼女には大きすぎるように見えるのです。誰かがただ遊び、あまり深刻に考えず、他の人に直ちに優ろうとしないとすれば、そのような人は人生をそれほど困難ものとは決して考えず、行動範囲を狭めようとはしないでしょう。

「市場に三日間二時間続けて一人で立っていました。彼女の好きな先生の出した宿題のための観察をするためです」

まだ彼女が求めている優越性に到達できるという希望がある時には、このことも彼女の狭い行動範囲に属しています。

「彼女がすぐに泣くこと、自信がないこと、臆病であることは、幼かった頃の彼女の態度と矛盾しています」

甘やかされた子どもにあるように、勇気をくじくことを助長した何かが彼女の身に起こったことは明らかである、と仮定しなければなりません。私たちが聞いたところによると、この数年、どうやら彼女は悪い状況にいる、と感じ、人生を以前よりも困難なものである、と考えています。このようなことがどこから起こったかを推測させる根拠を私たちは〔まだ〕持っていません。

「当時、彼女は、毅然たること、苦痛を耐えること（彼女は医者に行った時に兄のように泣かなかった）、自立していること、意欲的である点で兄とは違っていました」

これでわかったように、彼女は第二子です。第二子は、いつも一番になろうとしています。そしていつもいわば競争の中にいます。このことが以前もこの少女の姿であったに違いありません。おそらく兄に優ろう、と努力したのでしょう。〔しかし〕きっと彼女にとって競争があまりに困難であると見せる何かが起こったのです。今は彼女は小さな範囲の中でだけ優越性を求めようとしているように見えます。何が起こったかについて、今や考えることができるでしょう。この数年兄にはかなわない、と彼女には見えたのでしょう。兄が自分が強い、と感じているのは明らかで、彼女はこの競争はすぐにはうまくいかない、と感じています。一般に、兄の妹への関係においては、女の子は大変有利です。なぜなら、大抵、精神的にも身体的にも、早く成長するからであり、このような競争においては、女の子が勝利者となることがわかります。そこで優越性について聞くとすれば、この兄は何らかの仕方で優位に立ったかのように思えます。どうしてこういうことになったかは、まだわかりません。

「急変は、人生の外面的な変化では説明できません」

さしあたり、何がこの急変を引き起こすことができたかはわかりません。急変と名づけられるのであれば、力を弱める競争者の急変だけがそう呼ばれます。彼女は競争者ですが、この競争においては楽になりたいと思っているのであり、以前ほど勝利を確信していません。このことは、兄にされる評価や、あるいは、自分への否定的な評価に起因することがあります。さらに見ていきましょう。

「しかし、同時に兄の態度に変化があったことも注目に値します」

この叙述は、私が先に強調した論点に言及しています。つまり、兄の態度は変化したはずだということです。

「祖母が報告しているように、彼は今や以前ほど鼻持ちならないということはなく、思慮深く、自立し、愛想がよくなりました」

当然、なぜ兄が以前とは違ったかが私たちも興味を引くところです。彼がこの競争で愛想がよくなったのは、彼が優っており、妹が競争で遅れをとったことに気がついているからである、と仮定することができるでしょう。彼は（おそらく学校で）進歩したのであり、そのため妹はこの〔兄に勝とうとする〕企てを殊のほか困難なものとして断念したのでしょう。

「彼はしたいことをする時は愛想がいいのですが、以前は何の理由もなしに反抗していたようです（妹をいじめることなどで、おいおい泣いたり、泣き出したり、ずうずうしい態度で）」

彼は競争に勝てないという全体像が今や逆転したようです。今は、彼女の方が勝てない、と感じています。二人は、いわば連関システムの中に生きているので、二人は連関の中でだけしか理解できません。なぜ彼女が突然崩れるように倒れたか解釈してみましょう。兄の方は今や学校で成功をおさめたのに、彼女はおそらくそうではないということがあるかもしれません。私たちは、突然成功しなくなった子どもにはこのような競争においてどんな可能性があるか、探しています。彼の友人に何か影響を及ぼし、対人関係の点で優位に立った、あるいは、身体的な優位が関わっている、例えば、兄はハンサムだが、妹はそれほど美しくはないといわれたというようなことがあるかもしれません。何がこの少女にこのような大きな印象を与えることができたかを探求しなければなりません。おそらく彼女の既往歴に説明を見出すでしょう。

「ロッテは、既に生まれて最初の週に、臍の問題のために特別の世話を必要としました。それから幽門の機能不全になりました。それで母親は常に彼女の面倒を見なければなりませんでした」

これは、子どもへの関心を自分へ引きつけ、大切に扱うことを要求する子ども時代の早期の劣等性です。

「昼間は、子どもは、おとなしく我慢強かった」

昼間におとなしく我慢強かったのは、いつも誰かが彼女のまわりにいたからであるのは、明らかです。

「夜はおねしょをすることで母親を仕えさせ、ついには絶え間なく大声で泣いて、母親にベッドに入ることを強いる術を心得ました（このお願いは、三歳まで続きました）」

　これは明らかに甘やかされた子どもの兆候です。おねしょがこのような〔甘えるという〕傾向から生じるということに疑いを持たれたのであれば、個人心理学の古くからの法則にしたがって、この症状をわきに置いておき、他の現象を追求することをお勧めします。これらの現象は、甘やかされた子どもの傾向、したがって、おねしょとも関連しているに違いありません。

「ロッテの言葉の発達は、目立って遅かった」

　この報告に私たちは驚きません。なぜなら、甘やかされた子どもの言葉の発達はしばしば遅いということを知っているからです。

「彼女が話し出したのは非常に遅く、子どもっぽい話し方をしました。彼女はどうやらこの劣等性をいやなものとして受け止めたようです」

　このことは既にいつも結果であって、例えば、彼女が大きなエネルギーを使ってこの困難を克服するのにとりかかっているということを証明しているのではありません。

「かつて彼女のいる前で、彼女よりも話の上手な小さな子どものことが話題になりました。その時、彼女は突然思いがけず、『パウレは〈はい〉といわずに、〈うん〉というわ』といいました」

　彼女は、誰かが自分よりも上手に話すと批判的になります。自分が劣っていると思われたくないというこの子どもの傾向が非常に明らかであることがわかります。

「二歳から四歳まで、反抗が強まりました」

これは、大きな競争の中でいつも自分が、強くて大きいことを示そうとする子どもの発達傾向です。

「食べようとしませんし、眠ろうとしません、特に母親と一緒にいる時には」

これは、甘やかされた子どもによく見られる特徴です。

「母親は仕事のために、もはやいつも彼女のもとにいられないことを気にかけていました。女中は、兄よりも器量がよくなく活発でない妹に冷たくしました」

ここにも私たちが、先に述べた考えを見ることができます。十歳のこの少女は、この時、自信がない、と感じ始めたのでしょう。おそらく、学校での環境に原因があるのでしょう。

「妹は、兄が、彼女を叩かない時には、兄に世話をしてもらいました」

彼女は喜んで兄の世話を受けました。しかし、抗争の兆候が時々現れます。

「兄に導かれて、彼女は、両親に反抗しました。しかし、兄の方ほどは早く屈伏しませんでした」

これは、第二子によくあることです。第一子は、ずっと簡単に協定を結びます。権力の均衡を認めているのです。

「彼女は兄よりも勇気を示しました」

これを書いた人がこのことで、何を理解しているか、明らかにしなければなりません。

「四歳の時に、養護施設に入りました。そこでは、彼女のことを特別に世話をする人は誰もいませんでした」

このことは、この子どもに特別に強い印象を与えたに違いありません。この少女は、誰かがいつも彼女にかかりっきりになることに慣れていました。彼女を優遇する人が好きであることがわかります。友情、好意、温かさによって、容易に導かれ、そんな時、頑張ることができます。

「言葉の発達は改善しませんでした」

おそらくこの施設での教育方法は、彼女には気に入らなかったのでしょう。

「また、他の点でも、知的にはほとんど進歩しませんでした。敵対的な環境では、兄と仲良くしました」

二人はそこで、一体感を持っていました。二人が連関システムの中で育ったことがわかります。

「彼は、保護者の役割が気に入っていました」

これは注目を引きます。おそらく彼は容易には打ち負かされませんでした。後にこのようなことが起こったとしたら、おそらく問題にはしなかったでしょう。

「彼女は、おねしょをやめました」

これは私たちが既にしばしば観察することができた現象です。即ち、おねしょは、子どもたちが別の環境に入ればやむということです。多くの子どもたちは、おねしょをやめるということはありません。なぜならおねしょをすれば、このような施設から追い出され再び家に帰れる、と信じているからです。これは理に適っています。〔しかし〕新しい環境が、おねしょを重要視しない時には、おねしょを直ちにやめます。

「おねしょをすることで、彼女はただ殴られただけです」

「彼女は食べてすぐに眠りました。それから祖母のところへ引き取られました。彼女は祖母に母親に対するのと同じように甘えて抱きつきました」

大いに甘やかされなければならない、と感じていることがわかります。

「またおねしょが始まりました」

おねしょはここで再び価値を持ち、価値が増したのです。

「夜中に三、四回起きることを、大変苦労してようやくやめることができました」

このようにおねしょをすることで、彼女は兄に対して、見たところ有利な立場にいます。このことで私たちの先の観察は確かなものとなります。夜は母親と祖母は彼女のもので、おねしょをすることで、母と祖母を兄から引き離すことができるのです。

「モンテッソーリ[9]の幼稚園に入るまでは子どもっぽい話し方をし続けました。それから上手に話そうとしましたが、最初はうまくいきませんでした」

仔細に見れば、人が最初に行うことは、どれも成功をおさめるということはありません。〔しかしそれでも〕時々、多くの子どもたちが最初から成功するということがあるように見えることがありますが、それは、子どもたちが一見したところ新しいことであっても〔既に〕そのことに対して訓練をしていて、そのことは、もはや子どもたちにとって初めてのことではないからなのです[10]。例として水泳をあげればよくわかるでしょう。水泳も最初はうまくいきません。すぐにはうまくいかず、最初は何もかも失敗します。しかしこのことでおじけづくには及ばないのです。

「小学校に入る前に、笑われないために〔言葉の〕診察を受けました」

この子どもは、人生の行程において、いつも困難な目に遭ってきました。彼女が困難が何であるか知っていることが、理解できます。

「彼女は小学校にはよく適応できました。そこでは、彼女はすぐに小さい子どもたちに読み聞かせをするようになりました」

このように最初は話すのが上手ではなかった子どもたちが、後には他の人よりも上手に話すようになる（例えばデモステネース[11]）ということは、しばしば見ることができます。彼女がよく適応したということは、子どもたちが学校でよく扱われたことを証拠立てています。それゆえ、この少女は、学校によく適応できたのです。

「今は彼女は朗読するのが特に好きで上手です。彼女は無器用さやぎこちなさを学校で体操の練習によって克服しました。そして、まずこの領域で兄に優りました」

今はここで示されているように、しばらくの間、彼女は勝利者です。しかし、兄がスポーツで優っていたことが先に示されていたことを思い出します。

「彼女は兄のためには何でもします。そして兄に利用されました（小遣い銭）。けちだった彼とは違って喜んで贈り物をしました」

彼女は強さや重要性を認められたいように見えます。しかし、彼女が究極的な勝利を断念したい、ということをまだ意味しているのではありません。ただ兄と闘おうとしているだけでなく、一種の同盟を結びたいのです。政治的な関係を思い出すでしょう。兄との同盟で強くあること、そのことは元来、この同盟において自分が二人のうちのより強いものであるという感覚を持つことなのです。

「兄は妹にひどい扱いをしました」

彼はこの機会を利用します。この子どもの自信のなさは、弱さの感覚に由来しているのがわかります。兄に優ることが、どれほど困難なことであるか、といつも感じています。

「小さな男の子との友情に代償を見出しました」

これは、またもや、彼女が自分があまり強くないと感じている兆候です。しかし、彼女が小さな子どもたちの友情を求めているという事情から、彼女がこの当時既に男性の優越性を感じていたこと、しかも〔男性の〕優越性を認めていたことが、理解できます。このことは、子どもたちの関係において重要な役割を果たしているに違いありません。急激な変化は、私たちの文化における性の違いとその結果を認識した時に起こったのは明らかです。ここでは、この少女が男性を過大評価し、女性を過小評価していることを考慮に入れなければなりません。彼女が小さな男の子と友だちになり、既に前に聞いたように、兄、したがって、男性の保護のもとに自分を置くというこの箇所は、彼女の男性に対する態度を示しています。

「彼女の親友は、少女のように見える男の子です」

彼女は、〔男性と〕対等であることを追求していたいようです。女の子が全く女の子ではないこと、そして、男の子が全く男の子ではないことを望んでいます。女性の過小評価が、既に彼女の中にあるに違いありません。

「彼女は母親のように世話をするのが好きですが、彼に対してもそうします」

ここにも彼女の優越性の感情が現れています。

「彼女は、いつも彼女の友人の誰かを傷つける（誰かを他の人よりも好む）のではないか、と不安に感じています。彼女自身大変容易に傷つきます」

牧草地を持っていて、誰にも害されないように注意しているかのようです。自信がなく、ちょっとしたことが自分を打ち負かす、と信じている人が皆そうであるように彼女自身が容易に傷つくのです。

「兄とは違って、学校では、教師や子どもたちに気に入られています」

「彼女が創った初めての物語の主人公は、自分より大きな男の子を救う小さな女の子です」

これは、小さな女の子を大きな男の子よりも強くさせようとする努力を明らかに示す表現です。

「彼女は結婚し、母親になろうとしています」

これは、彼女が女性の役割を理解し、一種諦めの中ですっぱい林檎を噛もうとしていることを示しています。しかし、その際、彼女は結婚は、母親となることと、自分より強い人に支配されることに結びついている、と考えています。彼女の願望の中には、彼女が女性の役割に満足しているということの表現をすぐには見ることはできません。

「しかし、どこから家具とおむつを調達すべきか、心配しています」

ここに既に新しい要素が現れています。即ち、結婚に必要なもののすべてを調達することはいかに困難かということです。ここでは持参金の心配が彼女の中に浮かび、既に所有の問題に気をもんでいるようです。

「彼女はほとんど会わない（二、三年に一度）父親とは非常に甘やかされた関係にあります」

父親が彼女に非常に甘く、好意を示していることは、明らかです。

「彼女が即興で作った空想話の中では、父親はありとあらゆる笑うべき状況の中で現れました」

彼女はどうやら父親に非常に好意を持っているようですが、まさにその父親をあらゆる笑うべき状況の中に置こうとしています。これは少女や女性に広く見られる、あらゆる人生の些事において勝手がわからない男性を喜劇的な存在と見なす傾向です。男の子たちが女の子たちが集まっている女学校の横を通り過ぎる時、少女たちがくすくすと笑い始めるのが見られます。男性を喜劇的にすることには、たとえ過大評価しているとしても、男性を引きずり落とすという目標があります。

「次の会話は二年前に行われたものです。『ペーター、私が大きくなっても、あなたは私のお兄さん？』『もちろんだとも！』」

少女は、大きくなった時どこへ走っていかなければならないか、前の方を見ています。私は自分の証拠をあげる力をあまり高く評価したくはありませんが、この会話は私の解釈に適っていることを隠しておくことはできません。

「『でも私に夫ができたら？』『その時は、夫は夫、僕はお前の兄だよ！』」

彼は、いわば彼女を啓蒙しています。彼女が違いを聞き入れようとしているのがわかります。

「『でもどんな人がいいの？』『好きな人がいい！』『どうしたら好きだってわかるの？』『とにかく、夫になる人を見ていればいいんだ』『でも見ているだけで、どうしてその人が働いている、とわかるの？』」

彼女は、性の役割の違いをはっきりと見ているように見えます。そして、男性は働くものだ、と考えています。

「兄は笑いました。〔しかし〕彼女は半分泣きながらいいました。『私はどんなことも一人ではしない。彼にも料理をしてもらう。いつも新聞を読んでいるパパとは違ってね』」

ここにも平等の目標が現れています。

このような子どもをどのようにして援助できるか考えると、勇気づければ援助できるという結論に達します。彼女は勇気を失い始めています。しかも、これは次の二つの理由によります。①兄は彼女にはあまりに強く見える。②彼女は、女性の役割では、多くのことをなしえず、〔男女〕同権や優越性を決して獲得できない運命にある、と恐れている。

このような子どもとはどのように話をするべきか、理解しなければなりません。彼女の兄の優れた行為は、たとえそれがどんな面におけるものであっても、あまり大きな意味はなく、今は兄の方が優っているとしても、その訓練をすれば、同じことをできるようになるということを彼女に説明できるでしょう。何かを達成できないと信じていれば、とにかくできるということを示さなければなりません。彼女の将来に自信を持てるようにし、少女、女性として、男性を当てにせず、働いてお金を稼ぎ、家具を買ったりできるということ、このことは男性の特権ではないということを明らかにしなければなりません。

しかし、家事は軽視すべきではなく、この仕事（料理）は、男性には向いていないということも説明しなければなりません。男性は、稼げる場所にいれば、ずっと多くのことを成し遂げることができます。家事は、男性の仕事に匹敵し、男性に〔仕事の〕基盤を与えることに有用です。それがあれば男性と女性も家庭でやすらぎと友情を感じられるので二人がともに〔それぞれの〕仕事に頑張ることができます。女性には、協力して一緒に仕事ができる数多くの可能性があるということを理解してもらわなければなりません。勇気を持ち、女性としての役割を以前のようには考えず、将来を何か敵意に満ちたものとは考えないようにするためです。

付録　図と質問表

個人心理学は、おそらく、個人が共同体の中で生きていくという課題にどんな態度を取るかについての最も首尾一貫した教えであり、この意味で社会心理学である。それは、すべての思考する人、精神的に創造する人にとっての共有財産になった。劣等感（劣等コンプレックスと優越コンプレックス）の学説は、あらゆる心理学者、心理療法家、そして教育者にとって教育困難な子ども、神経症者、性的倒錯者を理解するために不可欠で、失われることのない鍵であることが明らかになってきている。この学説に反対した人、あるいは、それについて理解できなかった人も、認められようと努力すること、共同体感覚の足跡に沿って探求したのである。教育の諸問題において個人心理学が開いた道は拡張されているが、もはやこれからはそこから離れることはできないだろう。

以下の図は、すべての人が自由に使える個人心理学の探究方法の「鉄のネットワーク」である。個人心理学が平面的にしか叙述できないためのあらゆる不完全さを補う優れた道標、即ち、芸術家である心理学者がその上で創造的に作曲する鍵盤になる。そこには個人心理学の二十年以上の業績が反映されている。

常に次のことが考慮されるべきである。共同体感覚と勇気の不足に緊密に結びついた、五歳までの強い劣等感。優れていることをはっきり証明することを求めること。脅威を与える新しい問題、患者がそのような問題から距離を置くこと、患者の無視する傾向、有用でない面で見かけ上の軽減を求めること、即ち、困難を克服することではなくて、優れていると見えることを求めることである。図表を用いた叙述はおよそ以下の図になる。心の動きを静止した図で捉える試みは最初から失敗に終わる運命にあるけれども、理解している人にはすぐに解釈（演奏）されるに違いない。表面的で余計な議論を避けるために、コメントを二つだけ付け加えたい。一つは、幸運にも人類の発達は、おむつのとれていない幼児が何が有用で、何がそうでないかを探求してしまうまで待つ必要はないということである。このようなことをはっきりいうことは人間の判断を超えることであり、鋭い人間の理性にとっては鈍い人の理性よりも明白である。しかし、あらゆる人間の体験によれば、このような区別は大衆にも個人にも影響を及ぼす。次に、神経症者や教育困難な子どもの道は程度はさまざまであるが人生の両方の面のどちらにも走っているということである。

アルフレッド・アドラー：個人心理学における規範と失敗の見取り図

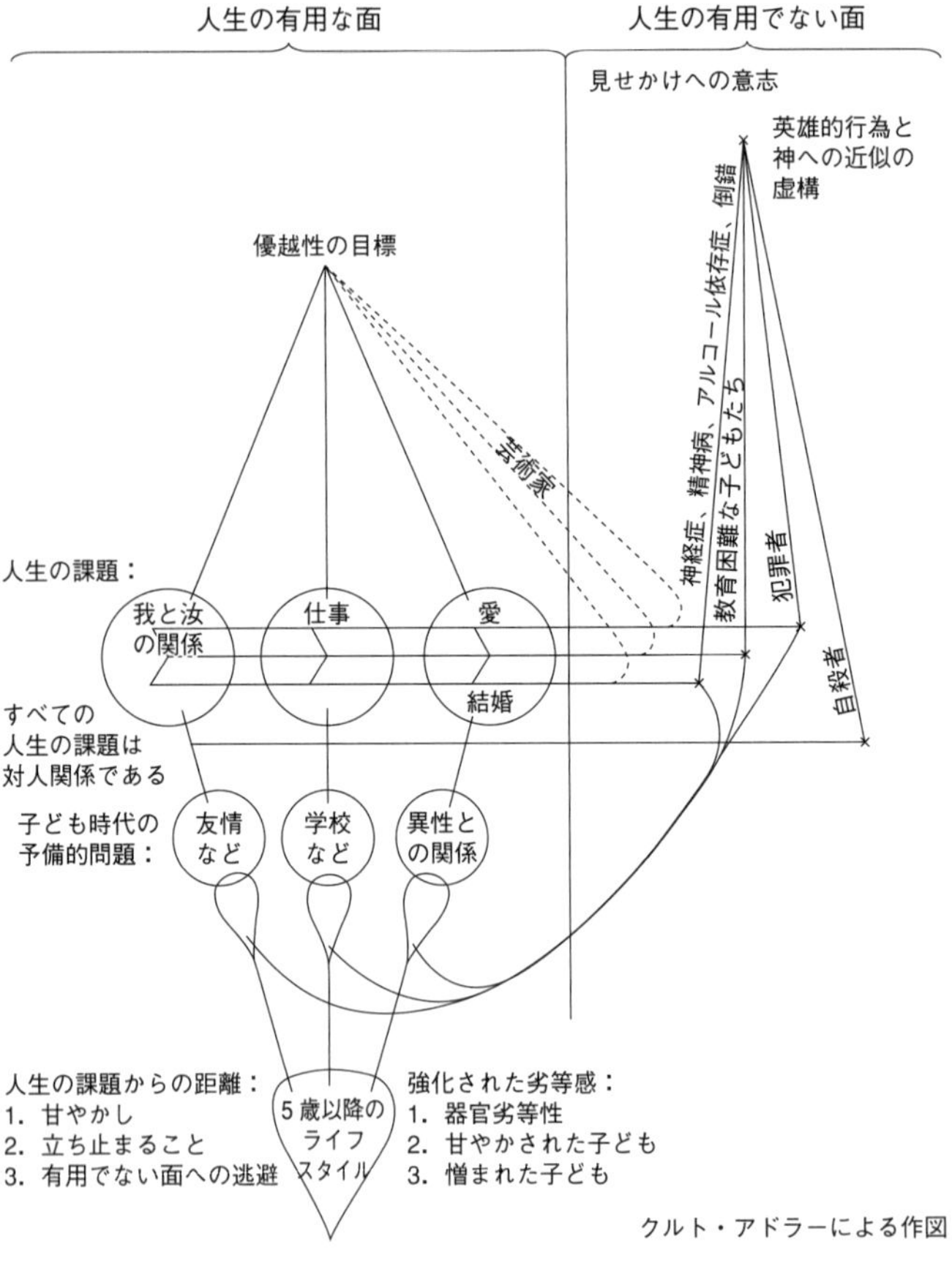

クルト・アドラーによる作図

国際個人心理学会によって教育困難な子どもの理解と扱いのために作成され、解説された個人心理学質問表

一、問題はいつからありましたか？　子どもの誤りに気づいた時、子どもはどんな外的、また心理的な状況にいましたか？

次のことが重要である。環境の変化、学校生活の始まり、転校、教師が代わったこと、弟や妹の誕生、学校で拒絶されたこと、新しい交友関係、子どもや親などの病気。

二、子どもは以前から既に何らかの仕方で目立っていましたか？　身体的あるいは精神的な弱さ、臆病さ、だらしないこと、ひかえめであること、ぎこちないこと、妬み、嫉妬、食べたり着替えたり、身体を洗う時、あるいは、寝る時に他の人に依存することなどで。子どもは一人でいることや、あるいは、暗闇をこわがっていましたか？　自分の性の役割を理解していますか？　第一次、二次、三次性徴がありますか？　異性をどのように見ていますか？　性の役割について、どの程度教えられていますか？　継子ですか？　庶子ですか？　里子ですか？　孤児ですか？　里親はどのように扱いましたか？　今も接触はありますか？　適正な時期に話したり、歩き始めましたか？　その際、困難はなかったですか？　乳歯の生え方は普通でしたか？　読んだり、描いたり、歌ったり、泳いだりすることに顕著な困難はありますか？　父親か、母親か、祖父母、あるいは、乳母など一人だけに特別愛着を持っていますか？

環境に対して敵意があるかどうかを決め、劣等感の起源を探すことが必要である。さらに、困難や人を避ける傾向があるかどうか、利己主義と過敏の傾向を示すかどうか知らなければならない。

三、子どもは多くの面倒を引き起こしましたか？　何を、そして、誰をもっとも恐れますか？　夜中に泣きましたか？　おねしょをしましたか？　支配的でしたか？　強い子どもにも支配的でしたか？　それとも自分より弱い子どもに対してだけでしたか？　両親のベッドで寝たいという強い欲求を持っていましたか？　無器用でしたか？　くる病にかかったことはありますか？　知能はどうですか？　ひどくからかわれ、嘲笑されたことがありますか？　髪や服や靴などに虚栄心を示しますか？　つめをかんだり、鼻をほじくったりしますか？　食べる時にがつがつしていますか？

多少とも勇気を持って優越性を追求しようとするか、さらに、強情さが、衝動を文化に適応させることを妨げたかが明らかになる。

四、友人を容易につくりますか？　人や動物に対して寛容ではなく、苦痛を与えることがありましたか？　他の人を支配しますか？　それとも一人でいることが多いですか？　何かを収集しますか？　吝嗇ですか？　お金に貪欲ですか？

これらの質問は、子どもの他の人に関係する能力、どれくらい勇気をくじかれているかに関連したものである。

五、上記のすべての質問について、今はどうですか？　学校ではどんなふうにしていますか？　喜んで学校に行っていますか？　遅刻することがありますか？　学校に行く前に興奮しますか？　あわてますか？　本や手提げ鞄や習字帳をなくしますか？　勉強のことで、あるいは、学校の宿題をする時や試験の前に興奮しますか？　宿題をするのを忘れますか？　あるいは、宿題をするのを拒否しますか？　時間を無駄に過ごしますか？　怠惰ですか？　集中力に欠けていますか？　授業の邪魔をしますか？　教師のことをどう見ていますか？　教師に対して批判的、傲慢、無関心ですか？　宿題のことで他の人に援助してくれるよう頼みますか？　それとも助けが申し出られるまで待っていますか？　体育やスポーツに関して野心がありますか？　自分のことを比較的才能がないと考えていますか？　それともまったく才能がないと考えていますか？　本をよく読みますか？　どんな種類の読み物を好みますか？　盗みは？　虚言は？

これらの質問は、子どもがどの程度学校の生活にしかるべく準備されているか、「学校に行くことの実験」の結果、困難に対する子どもの態度を理解する助けとなる問いである。

六、家庭環境、家庭の中の病気、アルコール依存症、犯罪傾向、神経症、虚弱、梅毒、てんかんに関する正しい情報。家族の死亡、それは子どもが何歳の時にありましたか？　孤児ですか？　家族の中の支配的な人は誰ですか？　家庭教育は厳格で、不平をいうようなものですか、それとも、甘やかすものですか？　子どもは人生を恐れていますか？　監督者についてはどうですか？

子どもの家族の中での立場がわかり、子どもがどんな印象を受け取ったか判断することができる。

七、きょうだい順位の中で子どもはどんな立場にありますか？　第一子、末子、単独子、きょうだいの中のただ一人の男の子、きょうだいの中のただ一人の女の子ですか？　競争関係は？　よく泣きますか？　ひどい、悪意のある笑い、他の人を非難する強い傾向はありますか？

この質問は、性格を調べるのに重要であり、他の人に対する子どもの態度を明らかにする。

八、今まで子どもは職業の選択について何か考えを持っていましたか？　結婚についてはどう考えていますか？　家族の他の成員はどんな職業についていますか？　両親の結婚生活はどうですか？

このことから子どもが、未来に対して、勇気と自信を持っているか結論づけることができる。

九、お気に入りの遊び、物語は何ですか？　歴史や小説の中の登場人物は誰ですか？　他の子どもたちの遊びをだいなしにするのが好きですか？　空想の中を彷徨いますか？　冷静な思考をし、空想を拒絶しますか？　白日夢に耽りますか？

これらの質問は、人生において英雄の役割を演じることがありうるかという傾向に関するものである。

十、最も早期の回想は？　飛ぶこと、落ちること、無力、駅に遅れて着くこと、競争、捕われの身になることについての印象的な、あるいは、何度も見る夢はありますか？　不安な夢はありますか？

この連関で、孤立の傾向、注意深くあれとの警告、野心のある性格、特別の人や田舎の生活を好んでいることをしばしば見出す。

十一、何に関して、子どもは勇気をくじかれていますか？　自分のことを無視されていると思っていますか？　注目されることや賞賛にすぐに反応しますか？　迷信的な考えを持っていますか？　困難を避けますか？　いろいろなことを試みるが、またそれを断念しますか？　未来について不安に思っていますか？　遺伝の有害な影響を信じていますか？　自分のまわりにいる人に計画的に勇気をくじかれましたか？　人生観は悲観的ですか？

これらの質問に対する答は、子どもが自信をなくしており、今、誤った方向に道を見つけようとしていることを証明する助けとなる。

十二、他にも愚かなところ、悪い習慣、例えば、しかめつらをすること、愚かであるふりをすること、子どもっぽい、おどけている、などがありますか？

このような場合には、注目を引く、という目的のために、わずかな勇気が示されている。

十三、言葉に障害がありますか？　醜いですか？　内反足ですか？　X脚ですか？　O脚ですか？　成長が遅れていますか？　異常なほど肥えていたり、背が高かったり低いですか？　目や耳に生まれつきの異常がありますか？　知能が遅れていますか？　左利きですか？　夜中にいびきをかきますか？　ハンサムですか？

この問いは、子どもが通常過大に評価している人生の困難に関わっている。それによって絶え間なく勇気をくじかれることがある。欠陥のある発達は、しばしば、自分では努力しないで、あらゆるものが手に入るはずだという考えにとりつかれた非常に美しい子どもたちの場合にも見られる。このような子どもたちは、人生の準備のための数多くの機会を失っている。

十四、自分の無能力、学校や仕事、人生に対する「才能の欠如」についてしばしば話しますか？　自殺のことを考えていますか？　失敗とトラブルの間には、時間的な関連がありますか（非行に走ること、徒党を組むこと）？　外見的な成功を過大に評価していませんか？　卑屈ですか？　頑固ですか？　反抗的ですか？

ここでは根深い勇気くじきが表現されている。子どもがトラブルをとりのぞこうと空しい努力をした後に大抵明らかになる勇気くじきが示されている。子どもの誤りは、一つには努力が実を結ばなかったこと、一つには、子どもと接触する人に理解がないことに起因する。しかし、その子どもの傾向は、何とかしてどこかで満たされなければならない。それで、子どもは、〔主戦場ではなく〕「支戦場」で他の代わりとなる機会を選ぶのである。

十五、子どもたちが積極的になしとげたものは何ですか？

これは重要な示唆を与えてくれる。子どもの関心、傾向、準備は、これまで歩んできたのとは違った方向を示すことができるからである。

上記の質問に対する答から（質問は規則的な順序やお決まりの手順のようにたずねてはいけない。建設的に、会話のようにたずねなければならない）個性についての正しい概念が形成される。失敗は正当化されないが、理解できるものであることがわかるだろう。明らかにされた誤りは、常に脅すことなく、忍耐強い友好的な仕方で説明しなければならない。

訳注

第一章

（1）オーストリアでは四年制の国民学校（基礎学校）に六歳で進学し、その後、進路に応じて一〇歳で基幹学校（Hauptschule）に進学するか、中学校（普通教育中等学校、Mittelschule）に進学する。

（2）ここでは共同体感覚を現す Gemeinschaftsgefühl ではなく、Mitmenschlichkeit という言葉が使われている。ほぼ同義で使っているが、意味を区別している個所もある（二七頁、第二章注1）。人はこの世界に一人で生きているのではないので、自分だけではなく、他者にも関心を持たなければならない。そのような人の集合体としての共同体（ただし、一七頁に明記されているように、既存の社会を指しているのではない）への所属感を持ち貢献することをアドラーは共同体感覚という言葉で含意している。この言葉の意味については、『アドラーを読む』（岸見一郎、アルテ）に詳しい。

（3）原語はForm。アドラーはFormをライフスタイル（Lebensstil = [Lebens]form）の意味で使う。

（4）他者に関心を持つことは、共同体感覚を発達させるための重大な基礎である。

（5）ここでいわれる仲間は注2であげたMitmenschlichkeitで使われるMitmenschen（複数）で

ある。

（6）ここでは甘やかされた子どもと憎まれた子どもという二つのタイプしか問題にされていないが、第二章三二頁では器官劣等性のある子どもも取り上げられている。

（7）ここでアドラーが問題にしているのは、後に（一六～一七頁）言及されるライフスタイル（Lebensstil）のことである。

（8）あらかじめ作り上げた枠組みで経験を解釈してしまうこと。新しい経験はありえない。

（9）trotzig については第十章注5を参照。

（10）ただしアドラーはタイプ別の危険について注意していることは忘れてはならない。同じ子どもは二人といないからである。

（11）アドラー派の事例検討では、以下においてアドラーがしているように、報告のすべてを読まないで、少しずつ読み進みながら推測していくのが特徴である。

（12）ライフスタイルは目標に向けての一貫した動きであるが、アドラーは、精神発達遅滞の人はこのような目標を立てない、といっている（『個人心理学講義』アルテ、八三頁）。

（13）アドラーはライフプランという言葉をほぼライフスタイルと同じ意味で使っている。

第二章

（1）ここではアドラーは、Mitmenschlichkeit と Gemeinschaftsgefühl を区別している。前者は、人と人（Menschen）が結びつく（mit）能力という意味である。

（2）自然が人類に継母のように接するということ。人類は、自然に継母のように扱われている。

そこで、このことから、強い劣等感を持つようになる。そのような弱い人間は、一人では住むことができないので、集団で、つまりは、共同体を作っていくことになるのである。

（3）付録の図を参照。

（4）アドラーは、しばしば、左利きを器官劣等性の例としてあげる。このことは、左利きを右利きに矯正する必要を必ずしも感じない現代の視点からすれば、いささか奇妙に思われるかもしれないが、当時は、左利きは悪い癖なので矯正しなければならない、と一般に考えられていたのである。左利きの子どもは吃音になるという迷信もあったという。アドラーは、左利きの子どもが吃音になるわけではなく、右利きへ矯正する際に伴う困難が子どもの勇気をくじくという事実から、このことを説明している（『子どもの教育』アルテ、第三章、三九頁以下）。アドラーの提案は、左手で書くことをやめさせることではなく、右手も同時に使えるようにさせる、というものである。

（5）七七〇?～八四〇、フランク王国の歴史家。『カール大帝伝』を著した。

（6）七四三～八四一、フランク王国カロリング朝の王で七六八年に即位した。

（7）一七四六～一八三七、スイスの教育家。アドラーは、教育の近代精神は、ヨーロッパでは、ペスタロッチの時代に始まった、といっている（『個人心理学講義』一〇六頁）。

（8）もっとも、アドラーは、この方法は全く決定的というわけではない、といっているので注意しなければならない（『子どもの教育』三九頁）。

第三章

（1）劣等感があるか、とたずねても、否、という答えが返ってくる。劣等感は弱さのしるし、何か恥ずべきものと見なされているので、それを隠そうとする強い傾向がある。それゆえ、劣等感を持っているか、とたずねてみても、それに対して、持ってない、という答えが返ってきても、驚くべきではない。

（２）一八四二〜一九〇六、ドイツの厭世主義哲学者。一八六九年に『無意識の哲学』を発表。

（３）たびたび氾濫し猛威をふるったドナウ河を当局が治水にのりだしたのは、ようやく一八七〇年になってからであった。

第四章

（１）「誰でも何でもなしとげることができる」は、後に批判されることにもなるが、アドラーにとって重要なモットーであった。

第五章

（１）この関心が後にどう発達するかは人によって違う。アドラーのように医師になりたいと思うこともあれば、死刑執行人や墓掘人になりたいと思うこともある。

（２）ウィーンの南西にある街。アドラーは一八七〇年二月七日にここで生まれた。

第六章

（１）調和はアドラーのテーマだった。一つには、人生の課題について、そのうち愛の課題は重要ではあるが、それだけが過度に強調されることがあってはならない、という。また、人の欲求についても調和を強調している。

（2）本書ではこの論点には詳しくは触れられていないが、優越性の追求は、人間にとって普遍的な事実であり、ここにもいわれているとおり、人生の有用な面で優越性が追求されており、個人的、乃至は、私的なものでなければ、よしとされるのである。

（3）ウィーンの大遊園地で大観覧車が有名。

（4）個人心理学は生きることの科学である。

（5）聖ニコラウス、英語圏でいわれるサンタクロースの従者。十二月六日の聖ニコラウスの日の前日五日の晩に聖ニコラウスとともに現れる。醜い顔をし、悪い子どもを捕まえるための鉄の鎖と鞭を持っている。

（6）つまり、彼女は、母よりも姉のほうが好きだった、といっているのである。

（7）一八七〇〜一九六〇、『夢の象徴』という著作がある。

（8）一七四二〜九九、博物学者。機知に富んだ高雅なアフォリズムで知られている。

（9）一八五六〜一九三九、アドラーは一九一一年までフロイトと共同研究をしていたが、学説の違いを理由に精神分析協会を脱退している。この間の事情についてはエドワード・ホフマンの『アドラーの生涯』（金子書房）に詳しい。

第七章

（1）チェコスロバキア西部の温泉保養地。

（2）ブルケンランド州にある都市。

（3）一八〇九〜八二、進化論を提唱したイギリスの博物学者。
（4）マリアヒルファー大通りにある百貨店。アウグスト・ヘルツマンスキー、アルフレッド・ゲルングロスが、もともとは小さな布地、雑貨商店に過ぎなかったものを巨大な百貨店へと発展させた。
（5）もちろん、これは子どもが大きなお金の単位を誤って表現したものである。
（6）一八六〇〜一九二六、ロシアの小説家、劇作家。『セイレン』は、一八八七年に発表された。
（7）一八五七〜一九二六、フランスの薬剤師、心理学者。
（8）以下に語られる夢は、アドラーがその生涯において見た最後の夢といわれている。夢の目的を理解した時、もはや感情を用いて自らを欺く必要はなくなったというのが、アドラー自身の説明である（『個人心理学講義』一〇一〜二頁）。
（9）ドストエフスキー（ロシアの小説家、一八二一〜八一）の小説『罪と罰』の主人公。ラスコーリニコフの考えでは、「社会にとって益にならない」金貸しの老婆を殺害する。「多くの価値のある人が飢えている時に、お金をたくさん持った老女を殺すことは悪いことではない、と主張する『哲学者』もいる」とアドラーがいう時の「哲学者」は、明らかにラスコーリニコフを指している（『個人心理学講義』一三八頁）。「有罪でも無罪でもある殺人者」という表現は、ラスコーリニコフは、無論、殺人を犯した、という意味で有罪であるが、彼の私的論理では無罪である、と考えられているということである。

第八章

（1）ハリュス（Halys）はギリシア語で「塩」という意味。上流に塩の泉があるところから、この名前がついている。小アジアで一番長い河。栄華を誇ったリュディアの王クロイソス（前五六〇～五四六）の時代、この河は、リュディア王国とペルシア帝国を分割していた。クロイソスは、ペルシアと戦うにあたって、戦えば一大帝国を崩壊させるという曖昧な神託を得て、このハリュス河を渡ってペルシアと戦ったところ、負けてしまった（一大帝国は、実は、クロイソスの思い込みとは違って、リュディアのことを意味していたのである）。アドラーが、ここでハリュス河を渡るな、といっているのは、危険に向かって行ってはならないという意味である。

（2）アドラーはここでウィーンなまり（wienerisch）でいい換えているが、その意味するところは、元のものとは意味が違ったものである。保守的なウィーン人気質を表しているのかもしれない。

（3）第六章注5を参照。

（4）ホッブス（一五八八～一六七九）が、『リヴァイアサン』の中で用いた言葉としてよく知られている（bellum omnium contra omnes）。人間は自己保存欲を持っており、他者を圧倒しながら、自分の権利と幸福を求めようとする。これをホッブスは「自然状態」と呼ぶが、このような状態を終わらせるべく、社会契約による絶対主権の社会を作ることが必要であると考えた。

第十章

（1）第一章、注1参照。

（2）ヤコブとエサウは双子の兄弟。アドラーは、他の著作において、兄を負かし秀でたい、と思っていたヤコブを「典型的な第二子」の例に引いている（『人生の意味の心理学』アルテ、一四七頁）。ヤコブは、父のイサクをだまし、エサウになりすまして、まんまと相続権を手に入れた、という話がある（『創世記』二六～二七章）。アドラーがここでヤコブとエサウの名前に言及しているが、聖書からの引用であるというわけではない。別の著作の中で、これは四歳の男の子の言葉として引かれている（「僕は、〈絶対〉お兄ちゃんになれ〈ない〉から不幸だ」『人はなぜ神経症になるのか』アルテ、一一三頁）。

（3）一七一二～七八、フランスの思想家、文学者。ルソーは、小説の形を借りた教育論である『エミール』の随所で、子どもを罰したり、強制してはならない、と説いている。

（4）mitspielen は遊びに参加するという意味でもある。

（5）「これは反抗の現象である」という時の「反抗」の原語は Troz で、これはその前の「（私が努力したにも）かかわらず」の trotz と同じ起源の語である。

（6）「手元にあるもの」と次に出てくる「学校の〈もの〉」、さらに「教科」は、いずれもドイツ語では同じ Gegenstand である。

（7）シラクサの王ディオニシオス一世の廷臣ダモクレスが、饗宴の席で王の幸福をほめた時、一筋の毛髪でつるされた白刃の下に座らされた、という話から、歓楽にひそかに迫る危険を意味する（『ウィーン世紀末文学選』岩波文庫、二三七頁）。

（8）第六章注5を参照。

（9）一八七〇～一九五二、イタリアの教育家。

（10）例えば、小さな子どもたちが鉛筆やスプーンを初めて手にした時、意外に上手にできるように見えることがある。しかし、子どもたちにとって、それらのことは実際には決して初めてのことではなく、それに先立って、指を使うというような基本的な訓練をしているという意味である。

（11）前三八四～三二二、古代ギリシアの弁論家、政治家。吃音だったといわれる。

解説

本書は Adler, Alfred. *Individualpsychologie in der Schule: Vorlesungen für Lehrer und Erzieher,* Fischer Taschenbuch Verlag, 1973（Original: 1929）の全訳である。

本書について

本書は、アドラーがウィーン市教育研究所で行った連続講義がもとになっている。最初に、この講義が行われた頃のウィーンの状況、次にこの講義がいかなる経緯で行われることになったかについて説明する。

赤いウィーン

第一次世界大戦でのオーストリア＝ハンガリー帝国の敗北は、オーストリアを荒廃させた。食料は逼迫し、伝染病が流行っても十分な医薬品を手に入れることもできなかった。大抵の人が経済的に破綻した。かつての強大な帝国の首都として光り輝いていたウィーンは、ほとんど一夜にして小国のどこにでもある都市と同じになってしまった。荒廃は経済的な面に限らない。道徳は堕落し、犯罪が増した。

こんな中、社会民主党がウィーンの実権を握った。一九一九年五月の選挙で勝利をおさめたのである。以後、労働者のためのアパートの建設、無料診療所の設置、学校や社会的な施設を充実させるなど約十二年間にわたって「赤いウィーン」と呼ばれる革新的な市制が行われた。

とりわけ、社会民主党が力を入れたのは教育改革だった。短い期間ではあったが文部大臣を務めたオットー・グレッケルは、ウィーンが半ば自治国家になると教育部門を担当し、社会民主党は一連の教育改革を法制化した。教科書などの無償配布、学生のための学校図書館及び教師のための図書館の設立、体罰の禁止などである。

グレッケルは、ウィーンの教育改革が労働者階級の子どもたちが平等に教育を受けられることをめざし、実現のための主要な行政任務を与えられたアドラーの長年の友人であるフルトミュラーとともに義務教育の改革を遂行した。

この改革の一環として、アドラーは一九一九年から一九二〇年にかけて、ウィーンに児童相談所を設立した。こうして、アドラーはクラスの様々な生徒への対処について助言を求める教師の相談に応じることができるようになった。アドラーは、教師が出すケースについて教師に質問をした後、概括し、さらに実際に当の子どもと親のカウンセリングをアドラーが教師の前でして見せた。

やがてこのアドラーの無料セッションは広く親の関心を引くことになり、個人心理学に通じた精神科医、心理学者が率いる治療チームが、週に一度、あるいは二度、学校の空いた教室で子どもと親の面接をするようになった。チームはウィーンの教育委員会からは報酬を受けておらず、親子のいずれが先に面接を受けるなど形式はいろいろだったが、家族は無料で支援を受けることができた。本書にも付録として収録されている標準の「質問表」は、一九二二年までにアドラーの指導のもとで開発されたものである。

ウィーン市教育研究所

アドラーが講義をした教育研究所はどのようなものだったのか。ウィーンの教育改革に取り組んだフルトミュラーは、子どもたちに強制をしないで教える方法を教師たちにトレーニングすることが必要である、と考えた。ウィーン大学の理事はこの取り組みに関わることを拒否し、オーストリアの若者は大学で授業のトレーニングを受けた教師を必要としない、と主張した。

　そこで、ウィーン市は独自の教育研究所を作った。アドラーはこの研究所に一九二四年に治療教育部門の教授として採用された。アドラーを支持する教師たちがアドラーが知らない間にウィーンの教育委員会に移っていて、アドラーを雇用するようにはからったのである。

　アドラーの講義は、聴講者である教師から提出されたケースレポートにもとづき、それを少しずつ読み上げながら順々に推測しながら解釈をするという方法で行われた。アドラーが教育研究所で行ったこの講義には、一九二四年から一九二七年の間、六〇〇人以上のウィーンの教師が参加した。休講したことは一度もなかった。

　こうして教育研究所は成功し、一九二七年までには、ウィーン市は教育研究所を卒業した教師しか雇用しないことになる[1]。

誰に向けて書かれたのか

本書は、翌年に出版された『子どもの教育』と同じく教育に特化したテーマを扱っている。本書のもとになった教育研究所での講義は、個人心理学を初めて学校の教育現場に導入する試みである。したがって、本書は、教師に向けてのものではあるが、読者として親を排除しているわけではない。

たしかにアドラーが親に向ける目は厳しい。教師は、親が家庭において行った誤った教育の結末を引き受け、その誤りを補わなければならない、と考えているからであり、教師の仕事はある意味で親の誤りを前提にする以上、親との対立をある程度避けることはできない[2]。しかし、親が最初に教育を誤ったとしても、同じ子どもと関わるわけだから、教師が親と協力しないわけにはいかない。アドラーは、この本を手にする親は、知的であって、たとえ親を批判する記述を読んでも、気を悪くすることはないだろう、といっている[3]。もっともカウンセリングに本当にきてほしい親が、カウンセリングにこないかもしれないし、アドラーの本を手にすることはないかもしれないのだが。ともあれ、親と教師のどちらが正しいかということを証明することは重要ではない。子どもを援助することこそ必要なのである[4]。

アドラーはこのように考えて、精神科医、心理学者、そして何よりも親の協力を得ることを期待している。そうすることが子ども、教師、家族の運命を変えることになる、と考えたのである。

子どもたちの運命

誤ったライフスタイルを身につけてしまった子どもたちがいる。これは端的にいえば共同体感覚の欠如である。自分のことしか考えられず、他者への関心を持つことができなくなっているのである。

たしかに、ライフスタイルを獲得するのは子ども自身である。たとえ親が子どもを甘やかそうとしても、そのような親の子どもたちが皆甘やかされた子どもになるわけではない。

「一つの家族の子どもは、皆、異なった状況の中で育ちます。二人が同じ状況の中で育つと仮定することはできません」[5]（一二六頁）

同じ親から生まれ、ほぼ同じ生育環境で育っても、子どもたちのライフスタイルは決して同じではない。この違いは子ども自身がライフスタイルを選んだと考えるのでなければ説明できない。

とはいえ、

「子どもは最初は弱いので、〔母親という〕第二の人の助力を必要とします。人間は社会的な存在です。なぜなら、弱くて力がなく、安全ではないので、自分と結びついて世話をしなければならない他の人を必要とするからです」（二五頁）

とアドラーがいうように、子どもは無力な存在である。ライフスタイルを選ぶのは本人であっても、その際まわりから受ける影響はかなり強い。

アドラーがいう憎まれた子どもたちはいる。親から虐待を受け、そのために命を落とす子どものニュースを見聞きすることがある。親が力を振るう時、子どもはそんな親から逃げようにも逃げられないだろう。そのようにして育てられた子どもが、まわりの人は自分を援助しようとする仲間であると思うのはむずかしい。

今日的な話題でいえば、競争社会において負け組にならないために、成績を上げることだけに汲々とし、学ぶ喜びをどこかに置き忘れたまま、あるいは、そんなことを知ることなく受験のための勉強を強いられる子どもたちがいる。このような子どもたちがもはや他者のことを考える余裕をなくしてしまうということはありうる。アドラー自身は競争というあり方を普遍妥当的なものとは考えていないが（一一一頁）、子どもたちのライフスタイルを歪めるには十分な影響力がある。

競争に負けた子どもたちはもはや自分の未来に希望を持てない。そうすると、子どもたちが勉強以外のことに目を向ける余裕がなくなり、他者に関心を持てない自己中心的な子どもになるのもやむをえないといいたくなるほどである。子どもが教師に殺された時、そのことを聞いた子どもがいった。これでライバルが一人減った、と。ひどい話ではあるが、これほどまでに子どもたちは追い詰められているのである。

そこでアドラーは次のようにいいきるのである。

「人生には、対人関係的な問いしかありません。それに答えることは、ある程度の共同体感覚を必要とします。私たちは、子どもが要求されたことを成し遂げることができないとしても、子どもには罪がないという認識に十分達しました。なぜなら、その子どもは学んではいなかったのであり、準備ができていないからです」（一一三〜一一四頁）

子どもたちのために何ができるか

しかし、子どもは治癒不可能であると諦めてはいけない。まわりからの強い影響を受けて身につけてしまったライフスタイルを変えることは容易ではないが、ライフスタイルを変えることはできない、と認めてしまえば、そもそも育児、教育、治療はありえない。困難であっても、ライフスタイルは変えうるという前提がなければ、子どもへの働きかけはすべて不毛なものになってしまう。

アドラーは schwer erziehbare Kinder という言葉を使っている。これを簡単に問題行動のある子どもたち（英語なら problem children）と訳さないで、私は「教育困難な子どもたち」と訳してみた。その狙いは、子どもに問題が見られるとしても、焦点を子どもの側に置かないで、教師の側に置くということにある。

ドイツ語で「教育する」に相当する言葉は、erziehen である。これは「引き出す」という意味である。[6] それでは、子どもたちから一体何を引き出すのか。また、何を引き出すのが困難なのか。共同体感覚である。これが生まれつき備わったものであるならば、この作業はたやすいであろうが、そんなに事は簡単に運ばない。アドラーは、共同体感覚は、生まれつきのものではなく、「意識的に発達させなければならない先天的な可能性」といっている。[7] しかし可能性ではあっても、先天的であるかはなお問題があるように私は考えているのだが、この感覚は意識的に発達させなければならず、息を吸うことや直立歩行のように自然に発達する資質とは異なるものである。だからこそ、教育が必要なのである。子どもと接する教師が共同体感覚を引き出すのである。

罰しない

ところが、共同体感覚を引き出すために強制や力を使うことはできない。子どもが母親に甘やかされているのを見た父親が、子どもに厳しく接するということはある。また、教師が親に子どもを甘やかしてはならない、厳格であれ、と勧めることがある。しかし、子どもを罰したり叱ったりすれば、子どもは親や教師に公然と、あるいは、隠れて反抗することになる（六五頁）。

罰せられると子どもは、家庭や学校には自分の居場所がないという気持ちを強くする。[8]「根底にある障害のすべては、子どもが〔共同体に〕属しておらず、受け入れられていないと感じることから起こります」（一一六頁）。子どもを叱ったり罰することは、人間の基本的な欲求ともいえる所属感を子どもから奪うことになる。

汝自身を知れ

そこで罰するのではなく、ライフスタイルの誤りを明らかにすることが必要である。アドラーはこんなふうにいっている。

「『汝自身を知れ』ということが優れた教育の手段です。それによって、私たちは、〔ライフスタイルの〕誤りについて子どもに完全な理解を得させ、誤りを排除するのです。子どもがこれらの連関を理解すれば、人生において決心をするようになり、もはや以前と同じ子どもではなくなります。自らをコントロールし誤りを一歩一歩ゆっくり解体し始めます。これが『汝自身を知れ』の成果です。子どもを罰したり、非難することでは、このような成果には決して達することはできません」（一一六頁）

ライフスタイルが明らかになれば、子どもは問題とされた行動をする必要がなかったことに気がつくだろう。大人側のアプローチについていえば、子どもの立場に身を置くことで、子どもが問題を起こした状況で、もしもその子どもと同じ誤ったライフスタイルにしたがっていれば、自分も同じ行動をしたかもしれない、と共感することができる。

共感できれば、子どもを批判したり、責めたり、罰したりしないですむ。子どもの側でいえば、自分が受け入れられ、理解してもらえたという経験をするだろう。

子どもたちの仲間になる

このような関わりの狙いは、大人が子どもの「仲間」になることにある。大人は子どもを援助する必要がある。しかし、子どもとの関係がよくなければ、そもそも子どもを援助することはできないのである。

「誰かが絶えず自分のことで尽力してくれているということを知ることで、子どもは自分には『仲間』がいる、と実感できる」（五三〜五四頁）

教育の誤りは既に家庭から始まっている。その誤りは子どもが学校に入ってきた時に明らかになる。その誤りを正すのが教師であるわけだが、子どもの誤りを回避するのは、気がついた人であるというしかない。その人が子どもの仲間になればいいのである。

母親は子どもがこの世界で会う最初の仲間である。この母親が子どもにとって仲間であればいいのだが、子どもにとっての仲間として共同体感覚を引き出せる人は、自らも共同体感覚を持っているのでなければならない。アドラーは、母親の役割は子どもにとっての仲間は自分だけではないことを教えることであるといっているが、一見すると、母親であればいわば自動的に子どもの仲間になれるという意味に取れないこともない。しかし、実際には、母親が子どもの仲間になることはきわめて困難である。母親がただ子どもを甘やかし、子どもに人生の課題に直面させる準備をさせず、子どもも甘やかされることをよしとし、甘やかされた子どもになるかもしれないからである。子どもが母親と最初に構築する共同体は、閉鎖性が特徴であり、この共同体は他者の侵入を容易には許さない。[9]

アドラーのいう仲間は「隣人」（Nächster, Nebenmenschen）とほぼ同じ意味で並べて使われる。[10]隣人愛は親子関係や男女関係に見られるような利己的なものではないのである。しかし、母子関係も利己的なもので、現実の母子関係において母が子どもにとっての仲間あるいは隣人であるというようなことは少ないように思われる。母子関係が理想的な関係として完結していて、他の人に広がらないことが問題である前に、母子関係のあり方が既に問題なのである。

先に見たように憎まれた子どもは、暴力を振るう親から逃げ出すことはできない。そのような親に育てられ、子どもが誤ったライフスタイルを身につけたとしても、子どもには罪はない、とたしかにいえるかもしれない。

甘やかされた子どもも同じである。親の甘やかしに反発するということはありうるけれども、子どもは通常親を一人ずつしか知らないわけだから、甘やかし以外の育児があることを知らない。そうすると、子どもにとっては選択の余地はなく、親に甘やかされて育つと誤ったライフスタイルを形成することになっても頷ける。

しかし、アドラーにいわせれば、誤りは誤りである。放置するわけにはいかない。子どもとの間によい関係が築けていれば、ライフスタイルの誤りについて指摘すれば、必ず理解し、改善に向けて努力するだろう。

対等に接する

子どもはきっと理解してくれると思えるためには、年端もいかない子どもであっても、理解できる、と信頼し、大人よりも劣っていると思わず尊敬しなければならない。

「私が会った子どもたちで、自分のライフスタイルについての説明を理解しなかったような子どもは一人もいませんでした」（三九頁）

アドラーは、子どもを gleichwertig な人間として扱うことを学ばなければならない、といっている。等価値の人間という意味である。

「このことは他者に等価値の人間を見出す傾向のある人には容易だが、この傾向を持っていない人には子どもに対して等価値の人間と感じるのはむずかしいだろう[11]」

子どもたちを対等の人格と見て、尊敬し、全幅の信頼をもって接するのであれば、子どもたちを力で押さえつけることも、甘やかすことも必要ではない。

勇気づけ

子どもたちは勇気をくじかれているのである。自分の前にある課題を解決する力はない、と思い、いっときも気を許してはいけない、と思い、他者を仲間ではなくて敵だと見なしている子どもたちがいる。

アドラーは次のようにいう。

「ほとんど聖なる義務といっていい教師の最も重要な仕事は、どの子どもも学校で勇気をくじかれることがないように、そして、既に勇気をくじかれて学校に入る子どもが、学校と教師を通じて、再び自信をとりもどすように配慮することである[12]」

子どもたちに能力がないから、力を伸ばせないのではない。むしろ、教師が子どもの力を伸ばせない、と諦めた時に、この子が伸びないのは才能がないからだ、といってみたり、遺伝を持ち出してくるのである。

アドラーは才能を信じていない。すべては「自力で身につけられた創造力」である、といい、「天才とはただ勤勉である」というゲーテの言葉を引いている。

そして、こう断言する。

「私は子どもの能力、無能力を信じない、あるのは教師の能力、無能力だけである[13]」

日本アドラー心理学会元会長の野田俊作先生の長年のご指導に感謝します。

病を得て入院、目下療養中ですが、この間、励ましてくださった友人の皆さんに感謝します。おかげで力が徐々に戻ってきて、退院後無事翻訳を完成できたことを嬉しく思っています。

アルテの市村敏明さんには翻訳の機会を与えていただき、今回も『生きる意味を求めて』に引き続いてお世話になりました。

二〇〇八年一月二十日

岸見　一郎

注

（1）ウィーン市の教育の取り組みについては、エドワード・ホフマンの『アドラーの生涯』（岸見一郎訳、二〇〇五年、金子書房）の第九章「赤いウィーン」に詳しいので参照してほしい。

（2）アルフレッド・アドラー『子どもの教育』岸見一郎訳、アルテ、二〇一三年、一八六頁。

（3）前掲書、一八六頁。

（4）前掲書、一九〇頁。

（5）以下、『教育困難な子どもたち』については、ページ数だけを本文中に挿入する。

（6）英語の educate もラテン語 educo に由来し、同じく引き出すという意味である。

（7）アルフレッド・アドラー『人はなぜ神経症になるのか』岸見一郎訳、アルテ、二〇一二年、三九頁。

（8）アドラー『子どもの教育』四七頁。

（9）甘やかされた子どもについては、『アドラーを読む』（アルテ、二〇〇六年）第五章で詳しく論じた。

（10）Adler, Alfred. “Schwer erziehbare Kinder,”（*Alfred Adler Psychotherapie und Erziehung Band I*）, Frankfurt am Main: Fischer Taschenbuch Verlag, 1982（Original: 1964）, S.120.

（11）Adler, *op.cit.,* S.134.

（12）アドラー『子どもの教育』六八頁。

（13）S.134.

◆著者

アルフレッド・アドラー（Alfred Adler）

1870年—1937年。オーストリアの精神科医。1902年からフロイトのウィーン精神分析協会の中核的メンバーとして活躍したが、1911年に学説上の対立から脱退した。フロイトと訣別後、自らの理論を個人心理学（Individualpsychologie,individual psychology）と呼び、全体論、目的論などを特色とする独自の理論を構築した。ナチズムの台頭に伴い、活動の拠点をアメリカに移し、精力的な講演、執筆活動を行ったが、講演旅行の途次、アバディーンで客死した。

◆訳者

岸見　一郎（きしみ　いちろう）

1956年、京都府生まれ。京都大学大学院文学研究科博士課程満期退学（西洋哲学史専攻）。専門はギリシア哲学、アドラー心理学。著書に『アドラーを読む』『アドラーに学ぶ』（ともにアルテ）、訳書にアルフレッド・アドラーの『人生の意味の心理学』『個人心理学講義』『生きる意味を求めて』『人間知の心理学』『性格の心理学』『子どもの教育』『子どものライフスタイル』『個人心理学の技術Ⅰ・Ⅱ』（以上アルテ）エドワード・ホフマンの『アドラーの生涯』（金子書房）などがある。

教育困難な子どもたち〈新装版〉——アドラー・セレクション

2008年3月25日　初　版第1刷発行
2023年5月25日　新装版第1刷発行

著　者　アルフレッド・アドラー
訳　者　岸見　一郎
発行者　市村　敏明
発　行　株式会社　アルテ
〒170-0013　東京都豊島区東池袋2-62-8
BIGオフィスプラザ池袋11F
TEL.03(6868)6812　FAX.03(6730)1379
http://www.arte-book.com
発　売　株式会社　星雲社
（共同出版社・流通責任出版社）
〒112-0005　東京都文京区水道1-3-30
TEL.03(3868)3275　FAX.03(3868)6588
装　丁　Malpu Design（清水良洋＋高橋奈々）
印刷製本　シナノ書籍印刷株式会社

ISBN978-4-434-31989-1 C0011　Printed in Japan